스마트 거버넌스

디지털 발자국, 시민참여의 혁신

임지원 안순재 이새미

유원북스

이 저서는 2018년 대한민국 교육부와

한국연구재단의 지원을 받아 수행된 연구임

(NRF-2018S1A3A2075240)

머 리 말

최근 중국의 시진핑(Xi Jinping)은 "데이터 공유, 사물인터넷, 클라우드, 블록체인 등 신과학기술을 통해 사회 거버넌스를 혁신적으로 보완해야 한다"고 말하며, "새로운 정보화 수단으로 사회의 문제점을 보다 잘 감지하고 소통을 원활하게 유지하며 정책결정에 참고하는 새로운 거버넌스 모델을 구축해야 한다"고 발표했다.* 2020년 전 세계를 강타하고 있는 코로나19 사태를 경험하면서 민첩하게 사회문제를 모니터링하고 시민과 소통할 수 있는 새로운 거버넌스 모델의 필요성을 깨달은 것이다.

빅데이터, 사물인터넷, 인공지능, 블록체인 등은 4차 산업혁명을 대변하는 신기술이다. 4차 산업혁명의 시대는 이와 같은 신기술들을 바탕으로 초연결성(Hyperconnectivity), 초지능성(Superintelligence), 초예측성(Hyperprediction) 등의 특성으로 설명된다.** 사람과 사람, 사람과 사물, 사물과 사물은 촘촘히 연결되어, 실시간으로 데이터가 생산되고, 이렇게 시시각각 축적되는 빅데이터를 기반으로 사람들의 행동은 물론 생각과 의견까지 분석하고 예측할 수 있는 시대가 열린 것이다.

나의 관심사를 정확히 반영한 광고 메일을 받아 본 적 있을 것이다. 내가 남긴 웹 검색 내역, 방문한 웹사이트, 개인SNS, 신용카드 내역, 위치정보 등 내가 인터넷상에서 의도하거나 의도하지 않고 남긴 디지털 발자국(Digital footprint)은 빅데이터화되어 나를 파악하고 예측할 수 있게 한다. 기업들이 빅데이터로 나의 취향에 맞춘 마케팅을 하는 것처럼 정부도 디지털 발자국 속에 숨겨진 시

---

* https://kr.coinness.com/news/586278, "시진핑 블록체인 등 신흥기술, 사회 거버넌스에 도입해야,"(중앙당, 2020.3.11.).

** Klaus Schwab, *The Fourth Industrial Revolution*, Penguin, 2016.

민들의 니즈를 찾아낼 수 있는 시대가 되었다. 4차 산업혁명은 이미 경제·사회 전반에 혁신적인 변화를 일으키고 있으며, 이와 함께 거버넌스의 형태도 달라지고 있다. 이러한 4차 산업혁명 시대의 새로운 거버넌스 형태를 '스마트 거버넌스(Smart governance)'라 할 수 있다.

'참여'는 거버넌스에서 가장 핵심적인 요소이다. 4차 산업혁명 시대에 따른 스마트 거버넌스는 디지털 발자국으로 남겨진 내 생각과 의견을 찾아내 정책과정에 반영함으로써 과거 한정적으로 이루어졌던 시민참여에 혁신을 가져오고 있다. 정책과정에서 시민참여가 이전까지와는 완전히 다른 형태로 이루어지는 것이다. 예를 들어, 코로나19와 관련된 기사를 검색하고, 온라인카페에 들어가 지역화폐 게시글을 쓰고 댓글을 남기고, 마스크를 구매하고, 개인SNS에 구매한 마스크 사진을 업로드하고, 따릉이 사용팁에 관한 글을 포스팅하는 등 우리가 인터넷을 기반으로 해서 무심코 지나간 일상들이 정책에 반영될 수 있는 시대가 된 것이다.

이러한 새로운 형태의 시민참여는 과거 사회문제의 해결 및 정책과정에서 소외되거나 무심하였던 시민의 생각과 의견까지 정책과정에 반영할 수 있다는 데 큰 의미가 있다. 이는 다수의 의견을 반영한다는 점에서 민주주의 가치를 구현하고, 정책의 정당성 및 효율성을 높여준다. 또한 사회적 이슈들에 대한 시민들의 의견 표출 및 공유가 활발히 이루어지고 시민이 의도하지 않아도 실시간으로 정책담당자 및 정치가들에게 전달되며, 마찬가지로 정책담당자들은 언제든지 시민들의 여론을 확인하는 것이 가능해짐에 따라 정책과정에 있어 민첩한 대응을 가능하게 한다.

본 저서는 최근에 이슈가 되고 있는 실제 사례들을 통하여 문제해결 및 정책과정에서 어떻게 시민들의 참여를 확대시키고 궁극적으로 정책과정의 자동화·지능화를 추구하는지 스마트 거버넌스 관점에서 살펴보았다. 이러한 빅데이터 기법을 적용하여 시민의 디지털 발자국을 분석하고 정책과정에 반영하는 스마트 거버넌스는 생활밀착형 공공서비스부터 거대담론에 이르기까지 정책과정에 얼마든지 적용 가능할 것이다. 스마트 거버넌스의 가능성은 무궁무진하다.

사람들은 자신이 원하는 것이 무엇인지 정책이 눈앞에 제시되기 전까지는 모를 수 있다.* 스마트 거버넌스는 수많은 디지털 발자국을 통하여 시민이 원하는 것이 무엇인지 먼저 알아내고 맞춤형 정책을 내놓을 수 있는 새로운 거버넌스 체제이다. 무엇을 원하는지 정확히 알지 못했는데, 어느 순간 내 앞에 실현되어 나타난 정책 및 서비스는 시민들에게 만족을 넘어 감동을 줄 것이다. 앞으로의 스마트 거버넌스 미래가 기대되는 이유이다.

* "A lot of times, people don't know what they want until you show it to them."(Steve Jobs, 2007)

차 례

제 1 장 거버넌스의 이해

제 2 장 4차 산업혁명과 스마트 거버넌스

제 3 장 스마트 거버넌스의 적용

제 1 장

거버넌스의 이해

1. 거버넌스의 등장
2. 시민참여와 거버넌스 원칙

4차 산업혁명 시대의 도래에 따라 거버넌스가 '스마트 거버넌스'로 새롭게 진화하고 있다. 거버넌스는 1985년에 최초로 등장한 이후 기술발전 및 사회변화에 대응하여 계속해서 변화해 왔다. 그러나 궁극적으로 거버넌스가 추구하는 가치와 구성요소들은 이전과 크게 달라지지 않았다.

따라서 본 장에서는 '스마트 거버넌스'에 대해 논의하기에 앞서 거버넌스 개념 및 구성요소에 대해 살펴볼 것이다. 그리고 거버넌스에서 가장 핵심이 되는 요소인 시민참여가 어떻게 이루어지고 있으며 오늘날 어떤 변화를 겪고 있는지 살펴볼 것이다. 이러한 거버넌스에 대한 이해를 바탕으로 스마트 거버넌스 개념을 재정립하고 정책과정에서 어떻게 활용될 수 있을지 논의할 것이다.

1. 거버넌스의 등장

1.1 거버넌스의 개념 및 유형

거버넌스의 등장과 개념

오늘날 거버넌스는 사회체제나 정부의 역할 변화를 설명하는 데 자주 등장하고 있다. 시민사회의 성장과 동시에 정부의 한계가 드러나고 현대사회의 문제가 정부만으로는 해결할 수 없는 사회전체의 공동문제라는 인식이 폭넓게 공유되면서 등장한 거버넌스는 전통적인 국가와 시민, 그리고 시장의 관계에 계속적인 변화를 일으키고 있다. 그리고 현대사회의 문제가 점점 복잡해지고(complex) 고약해짐(wicked)에 따라 거버넌스의 중요성은 더욱 커지고 있다.[1]

이러한 거버넌스는 정치학, 행정학, 경제학, 사회학 등 다양한 분야에 걸쳐 논의되며 다양한 의미를 포함하는 개념으로 사용되고 있는데, 내용적인 차원에서 다음과 같이 정리된다. 우선 협의의 의미에서 거버넌스는 다양한 행위자들의 자율적이며 호혜적인 상호의존성에 기반하여 협력하도록 하는 제도를 말한다.[2] 또한 광의의 의미에서는 정부와 민간의 경계가 무너지고 정부, 시장, 시민사회 간의 파트너십을 통한 협력의 형태라고 할 수도 있다.[3]

이와 같이 거버넌스는 다양한 해석이 가능한데 학자들은 다음과 같은 거버넌스의 개념에 일반적으로 동의하고 있다. 거버넌스는 "사회의 다양한 이해관계자들(stakeholders)이 공동의 문제를 해결하기 위해 상호협력, 경쟁, 또는 대립하는 과정"이라는 것이다.[4] 이와 함께 학자들은 거버넌스 체제 내에서 이해관계자들이 동등한 의사결정권을 공유하고 있어야 한다는 데도 동의하고 있다.[4] 즉, 거버넌스는 공동의 문제 해결에 정부, 시장 그리고 시민사회가 수평적으로 동등한 결정권을 가지고 협력하여 의사결정을 하는 것이라 할 수 있다.

이는 시민들이 정부와의 관계에서 과거와 같이 서비스의 수요자로만 머물러 있지 않고 의사결정의 주체가 됨으로써 과거 정부가 독점하고 있던 지위를 공유하게 되었다는 것을 의미한다. 즉, 정부의 정책결정과 문제해결 과정에 관료적인 작동논리가 배격되고 시장과 시민들의 기대와 수요에 대응하는 것을 기대하게 되면서 지금의 정부는 과거와 같은 '정부'의 개념으로 설명할 수 없게 되었다. 이를 로우즈(Rhodes)는 'governance without government'라고 표현하며 시사한 바 있다.[5]

거버넌스의 유형

거버넌스에 관한 논의는 90년대부터 활발하게 이루어지고 있는데, 대표적인 학자로는 앞서 나온 로우즈(Rhodes)와 피터스(Peters)가 있다. 로우즈[5]는 새로운 정부를 이제 '정부'라는 개념으로 포함할 수 없다며 거버넌스를 〈표 1-1〉과 같이 설명하고 있다.

첫째, '최소국가(minimal state)'의 의미이다. 공공개입의 범위와 형태를 재정의하고 공공서비스 공급에 있어 민간부문을 활용하는 것이다. 둘째, '기업적 거버넌스(corporate governance)'의 의미이다. 이 경우 거버넌스는 사업을 운영하

표 1-1 로우즈의 거버넌스 유형

분 류	내 용
1. Minimal State (최소국가론)	국가공공개입의 범위와 형태를 최소화하는 방향으로 재정의하고, 공공서비스에서 축소된 부분을 시장과 준시장의 활용으로 보완
2. Corporate governance (기업적 거버넌스)	조직이 지시, 통제되는 체계를 의미하는 것으로서 거버넌스의 역할은 전반적인 방향제시와 최고경영활동을 통제함
3. New public management (신공공관리)	관리주의와 신제도경제학에 바탕을 두고 기업가적 정부를 대안으로 경쟁, 시장, 고객, 결과에 관심을 가지며, 방향잡기를 목적으로 작은 정부 표방
4. Good governance (좋은 거버넌스)	국가의 업무를 관리하기 위해 정치권력을 행사하는 것으로 체계적 요소, 정치적 요소, 행정적 요소를 갖추는 것을 의미
5. Socio-cybernetic system (사이버네틱 체계)	사회정치체제에서 모든 행위자들의 상호작용노력의 공통적인 결과로서 나타나는 하나의 형태 또는 구조
6. Self organizing networks (자기조직화 체계)	권위에 의한 자원배분 및 통제/조정 수행을 의한 거버넌스 구조로서 시장과 계층제를 보완하는 네트워크

출처: 고숙희 외[6] 수정.

는 것이 아니라, 기업의 전반적인 방향을 제시, 최고관리자의 활동 통제, 이해관계자들에 대한 책임성과 규제에 관한 기대를 만족시키는 일 등을 말한다. 셋째, '신공공관리(new public management)'의 의미이다. 이는 민간부문의 경영방식을 공공부문에 도입하려는 관리주의를 말한다. 넷째, 좋은 거버넌스(good governance)의 의미이다. 이것은 세계은행(IBRD)과 국제개발(UNDP) 등에서 사용하는 개념으로, 여기서 거버넌스란 '나라 일(nation's affairs)'을 관리하기 위해 정치권력을 행사하는 것이다. 다섯째, '사회적 사이버네틱 체계(socio-cybernetic systems)'의 의미이다. 이때 거버넌스는 사회정치체계에서 모든 행위자들의 상호작용 노력의 결과로서 출현하는 유형이다. 마지막으로 '자기조직화망(self-organizing networks)'의 의미로 연결망들에 의해 시장과 계층제에 의한 자원배분 및 통제 수행을 위한 국정관리구조로서 시장과 계층제를 보완하는 것이다.[5]

표 1-2 피터스의 거버넌스 모형

구 분	시장모델	참여모델	신축모델	탈규제모델
진단기준	독점	계층제	영속성	내부규제
구조	분권화	평면조직	신축조직, 임시조직	특정제안 없음
관리	성과급 민간부문의 기법	품질관리, 팀제	임시직관리	관리재량권 확대
정책결정	내부시장 시장적 유인	협의, 협상	실험	기업가적 정부
공익	저비용	참여, 협의	저비용, 조정	창의성, 활동주의
조정	보이지 않는 손	하의상달	조직개편	관리자의 자기이익
공무원제도	성과와 능력중심의 인사	계층제 축소	임시고용제 활용	내부규제철폐

출처: 김종순, 강황선[7] 재구성

이와 함께 피터스(Peters)는 전통행정이론에 대한 개혁모형으로 네 가지의 거버넌스 모형을 설명하고 있다(표 1-2).[8] 전통적인 행정모형은 정치중립적인 공무원, 계층제와 규정, 영속성과 안정성, 제도화된 공무원제, 내부규제 및 평등성을 강조하나, 독점성, 참여배제, 영속성, 내부규제가 문제시된다.[9] 이에 각각의 해결모형으로 시장에 대응적인 모형으로서 시장모형, 시민과 일선관료의 참여를 촉진할 수 있는 참여모형, 조정과 실험적 개혁을 관리할 수 있는 임시조직 또는 가상조직을 활용할 수 있는 신축모형, 관리 재량권 및 창의성을 발휘할 수 있는 탈규제모형이 제시되고 있다.[6]

피터스와 로우즈가 제시한 모형은 모두 좋은 정부란 무엇인가?에 대한 전반적인 생각을 포함하고 기존의 전통적인 정부체제가 갖은 문제로부터 출발하여 새로운 대안적 국정관리인 거버넌스 체제에서 정부가 무엇을 해야 하고, 정부가 어떻게 운영되어야 하는지에 대한 답을 함께 보여주고 있다.

거버넌스의 도입과 적용

2000년대 들어 각국은 정부조직 개편을 통한 정부부서의 사업소화, 기업화, 민간위탁 및 민영화 등 '작고 효율적인 정부'를 구축하고 거버넌스 관리체제를 서둘러 도입하였다.[9] 이러한 거버넌스의 도입은 전통적 정부의 기능과 역할에 대해 새로운 변화의 필요성과 당위성을 반영한 것이기도 하였다.[10]

그러나 초기 거버넌스는 정부 실패를 막고 정책 효율성을 높이기 위해 국영사업의 민영화와 공기업의 선진화 등의 형태로 진행되면서 새로운 사회문제를 양산하였다. 민영화를 통한 공공서비스의 제공이 영리를 추구하게 되면서 공공서비스 비용의 상승을 일으키고, 일반 시민들에게 비용이 전가되어 시민들의 불만은 오히려 증가하였다.[11] 공공서비스는 대중의 복리후생을 위한 것으로 의료, 교육, 에너지, 교통, 통신, 수자원 등과 같은 서비스를 말한다. 이러한 공공서비스는 국민의 기본권을 보장하고 인간의 존엄성을 유지하는 데 필수적인 것인데, 시장의 원리를 도입하여 사실상 일부 국민이 소외되고 기본권을 침해받는 결과를 낳은 것이다.

이러한 과정을 겪으면서 문제에 직면한 이해당사자의 의견을 직접 반영하고 협력하는 방향으로 거버넌스의 재정립이 이루어지게 되었다. 그 결과 정부는 정책과정에 기업, 시민단체, 지역시민 등이 참여하는 방안에 주목하기 시작했다. 문제를 가장 잘 이해하고 해결할 수 있는 이해당사자이기 때문이다.

우리나라의 경우도 국가, 시장, 시민사회의 실패와 기존 개발체제의 급속한 붕괴, 민주주의의 공고화를 위해 거버넌스에 대한 필요성이 증가하면서 1990년대 후반부터 거버넌스에 주목하고, 거버넌스 체제를 현실에 구현하고 제도에 반영하고자 노력하였다.[12] 이는 기본적으로 시민의 만족을 극대화하는 것을 목표로 하였다.[13]

그 결과 거버넌스는 우리 사회에 새로운 제도의 도입으로도 표출되었는데, 기존제도의 수정에서부터 새로운 방법의 고안에 이르기까지 그 정도와 범위가

표 1-3 거버넌스 도입 및 적용 사례

부 문	내 용
행 정	통합적 성과관리체제 구축, 정부조직 재설계, 서비스 스탠더드 구축, 학습조직의 운용, 시민평가단, 정책홍보 등
인 사	비면평가제 시행, 성과계약제, 균형적 인재도입, 고위공무원단 도입
재 정	중앙과 지방의 기능조정과 재원이양 성과중심의 재정시스템 구축 재정과정 참여확대(참여예산제)
참 여	고객만족도 조사의 실시, 시민투표제 도입 옴브즈만제도의 강화, 모니터링단의 구성 내부공무원 워크샵 확산
전자정부	포털시스템 구축, 지식관리시스템 구축 One Stop 기업행정 민원서비스

출처: 김미경[9] 재구성

다양하게 이루어졌다. 거버넌스 이론을 바탕으로 2000년대 초반에 도입된 사례를 살펴보면 위의 〈표 1-3〉과 같다. 이는 우리나라 정부에서 행정, 인사, 재정, 참여, 전자정부 측면에서 거버넌스 이론을 바탕으로 초기에 도입 및 검토된 사례들이다. 거버넌스 초기 고객만족도 조사와 시민투표제의 도입, 옴브즈만제도의 강화, 모니터링단의 구성 등 시민참여에 주목하고 있음을 확인할 수 있다. 이러한 제도적인 장치가 마련되어 실제 시민들의 참여가 가능하게 됨으로써 시민들의 의사에 기초하여 행정 서비스를 제공하는 등 과거에 비해 정책과정에 시민들의 직접참여가 가능해짐에 따라 민주주의 가치에 부합하는 바람직한 제도로 대부분 정착되었다.

1.2 거버넌스 구성요소

거버넌스의 구성요소 및 원칙

거버넌스를 통해 민주주의 가치를 구현하기 위한 많은 노력들이 이루어짐에 따라 거버넌스 구성요소들에 대한 논의도 다양하게 이루어졌다. UNDP(United

Nations Development Programs)는 국제사회에 참여, 법에 의한 지배, 투명성, 대응성, 합의지향, 형평성, 효과성과 능률성, 책임성, 전략적 비전, 정통성, 자원의 절약, 환경적 건전성, 권한위임과 권능부여, 파트너십, 지역사회어 기반을 거버넌스의 요건으로 발표한 바 있다. 그리고 세계은행(World Bank)은 바람직한 거버넌스의 5가지 요건으로 참여성, 투명성, 책임성, 효과성, 형평성을 제시하였다. 이 외에도 TUGI(The Urban Governance Initiative)는 거버넌스의 요소로 참여, 법에 의한 통치, 투명성, 대응성, 합의, 형평성, 효율성, 책임성, 전략적 비전을 강조하였다. 마지막으로 ADB(Asian Development Bank)는 바람직한 거버넌스 요건으로 책임성, 투명성, 예측성, 참여성을 제안하였다.[14]

2018년 8월, UN(United Nations) 행정위원회 전문가들은 새로운 시대에 맞는 "지속가능한 발전을 위한 효과적인 거버넌스: 실천을 위한 11가지 원칙(Effective Governance for Sustainable Development: 11 Principles to put in Practice)"을 새롭게 발표했다. 이는 유엔의 지속가능발전이라는 목표를 달성하기 위하여 다양한 거버넌스 구조, 개별국가 상황, 정책과 우선순위에 관련된 역량, 발전수준들을 위해 보편적 원칙을 발표한 것으로 과거 다양한 기관에서 발표된 거버넌스 요소 및 원칙들을 통합하고 있다는 데 의미가 있다(IISD. SDG Knowledge HUB, 2018.8.7.).

UN은 거버넌스가 추구하는 가치를 크게 효과성(Effectiveness), 책임성(Accountability), 포용성(Inclusiveness)으로 제시하고 가치를 실현하기 위해서는 세브 원칙을 가져야 한다고 제시하고 있다. 다음은 UN이 제시한 거버넌스를 위한 11가지 원칙들로 해당 원칙들을 바탕으로 가치를 실현해야 한다고 주장하고 있다.

UN의 협력적 거버넌스를 위한 11가지 원칙

– 역량(competence)원칙

거버넌스 참여자들은 자신들의 역할을 수행하기 위해 충분한 전문성과 자원, 도구 등을 갖추도록 해야 함.

– 견고한 정책형성(sound policymaking)원칙

목적달성을 위하여 필요한 사실과 논리, 상식에 부합하는 잘 정리된 근거에 바탕을 두어 일관된 정책이 만들어져야 함.

– 협력(collaboration)원칙

동일한 목표와 목적, 효과를 향해 정부, 비정부, 민간주체 등 관련 이해관계자들이 협력해야 함.

– 성실성(integrity)원칙

정직하고, 공정하고, 도덕적 원칙에 따라 자신의 책무를 다해야 함.

– 투명성(transparency)원칙

참여기관들이 개방적이고, 투명하게 일을 하고, 모든 정보를 쉽게 접근할 수 있도록 적극적으로 알리고 제공할 수 있어야 함.

– 독립적 감독(independent oversight)원칙

신뢰를 높이기 위하여 전문적이고 독립적인 기관에 의해 거버넌스에 관한 감독이 이루어져야 함.

– 낙오자 방지(leaving no one behind)원칙

사회의 모든 구성원들을 포괄하는 정책을 추진하고 누구도 배제하지 않도록 해야 함.

– 차별금지(non-discrimination)원칙

인종, 성, 언어, 종교, 정치의사, 사회적 지위 등에 관계 없이 모든 공공서비스가 제공되어야 하며, 공무원의 다양성, 서비스 차별금지, 다언어 서비스, 접근성 표준, 문화성 감사, 성인지 예산 등이 시행되어야 함.

– 참여(participation)원칙

자신에게 직접적으로 영향을 미치는 정책형성, 정책결정에 누구나 참여할 수 있어야 함.

– 보조성(subsidiarity)원칙

모든 국민들의 수요, 열망에 대응하도록 중앙정부가 시민과 지방정부가 할 수 없는 부분에만 개입해야 함.

– 세대간 형평(intergenerational equity)원칙

현재세대의 단기적 필요, 미래세대를 위한 장기적 필요 간에 균형을 잡을 수 있어야 함.

거버넌스가 어떠한 원칙을 가져야 하는지에 대한 고민들은 다양한 구성요소를 통해 나타난다. 기관 및 시대에 따라 다소 변하기는 하였지만, 거버넌스의 구성 요소 및 원칙[15]에 대한 논의를 종합하여 보면, 기본적으로 참여와 투명성, 그리고 책임성을 강조하고 있음을 확인할 수 있다.

투명성(transparency)은 정보의 자유로운 흐름을 전제로 정책에 관심있는 사람이라면 누구나 각종 정보에 직접 접근할 수 있어야 하며, 이를 활용하여 정책결정과정을 감시할 수 있어야 함을 의미한다. 그리고 책임성(accountability)이란 정책결정자들이 이해당사자뿐만 아니라 모든 대중에게도 책임을 질 수 있어야 함을 의미한다. 그리고 특히 참여는 모든 요소들의 바탕이 되는 가장 중요한 요소라 할 수 있는데, 거버넌스가 이루어지기 위해서는 모든 사람들이 직접적 혹은 간접적으로 정책과정에 자신의 의사를 반영할 수 있어야 함을 의미한다. 물론 이는 참여주체들이 의사결정과정에 건설적으로 동참할 수 있는 자체 역량이 있을 때 가능할 것이다.

표 1-4 거버넌스 구성요소

거버넌스 구성요소	UNDP	세계은행	TUGI	ADB	UN(2018)
참여	○	○	○	○	○
법에 의한 지배	○		○		○
투명성	○	○	○	○	○
합의	○		○		○
형평성	○	○	○		○
효과성	○	○	○		○
책임성	○	○	○	○	○
전략적 비전	○		○		○
정통성	○				
자원의 절약	○				
환경적 건전성	○				○
권한 위임	○				○
파트너십	○				○
지역사회에 기반	○				○
대응성			○		
예측성				○	
역량					○

▪ 거버넌스에서 참여의 중요성과 의의

거버넌스 이론에 따르면, 시민들의 책임있는 참여와 협력에 기반을 두지 않은 국정관리방식은 정책의 정당성을 확보할 수 없으며, 효과성 또한 기대하기 힘들다.[16] 또한 정부의 중앙집권적 의사결정과정은 시민의 정책 수용도를 떨어뜨리고 사회적 갈등과 분열의 원인이 되기도 한다. 따라서 거버넌스에서 '참여'는 가장 핵심이 되는 요소이다.

실제로 사회공공정책은 사회적인 권력을 소유하고 있는 계층에게 그 혜택이 집중되어 있는 경향이 있었다. 그리고 그 반대편에 있는 계층들에 대해서는 각종 통제가 이루어져[17] 악순환의 원인이 되기도 한다. 이러한 사회구조는 그 사회의 사회적 자본을 크게 감소시키고, 결국에는 정부의 신뢰도를 크게 저해한다. 따라서 에반스(Evans)는 정부가 여러 이해관계자들과의 성공적인 협력관계를 구축하는 데는 이렇게 사회적으로 소외된 약자계층들에게 혜택을 부여하고 이들을 거버넌스 체제의 중요한 일원으로 인정하는 것이 중요하다고 하였다.[18]

즉, 이해관계자들을 중요한 일원으로 생각하는 데서 출발하여 이들의 의견을 반영할 수 있는 참여시스템의 구축이 거버넌스에서 가장 중요한 핵심이 된다. 성공적인 거버넌스를 위해서는 어떻게 시민들을 참여시킬 것인가?를 가장 고민해야 하는 것이다.

거버넌스는 시민의 참여를 점차 확대하는 방향으로 발전해 가고 있다. 새로운 거버넌스로의 변화는 시민참여에 구체적이고 실질적인 변화를 가져올 것이다. 동시에 시민참여의 변화가 새로운 거버넌스 시대로의 변화를 이끌어 낼 수도 있다. 참여는 거버넌스의 가장 핵심적인 요소이기 때문이다.

2. 시민참여와 거버넌스 원칙

2.1 시민참여 개념 및 유형

참여 개념 및 유형

참여란 정부의 정책결정 과정에 영향을 미치는 것을 목적으로 하는 일반시민의 활동을 말한다. 이러한 참여는 민주주의가 성숙됨에 따라서 나타나는 기본적인 욕구로 각 국가와 시대의 요청에 상응하여 개념이 발전되어 왔다.[19] 베바(Verba)는 참여를 "공권력을 가지고 의사결정을 하는 사람들에게 영향을 미치는 행위"를 의미한다고 보았으며,[20] 커닝햄(Cunningham)은 "일반 시민들이 사회의 다양한 문제들과 관련된 의사결정에 힘을 행사하는 것"으로 보았다.[21] 참여는 시민참여와 동의어로 쓰거나, 또는 참여가 시민참여를 포괄한다고 본다.[22]

대부분의 연구에서 참여와 시민참여는 구분하여 사용하지 않는다. 본 글에서도 참여와 시민참여를 다른 개념으로 보지 않고 시민참여를 사용할 것이다.

이러한 시민참여는 시대에 따라 다양한 유형으로 변화하여 왔으며, 학자마다 다양한 의견을 보이고 있다. 다양한 시민참여 유형을 다양한 기준에 따라 분류할 수 있는데, 제도화 여부에 따른 분류가 가장 대표적이다.[23] 투표 등 선거는 가장 제도적으로 보장된 시민참여 유형이다. 그러나 비용 및 시간의 문제로 모든 의제를 대상으로 할 수 없기 때문에 제한적으로 이용된다. 공청회는 전통적으로 가장 많이 활용되고 있는 참여유형으로 정부의 정책이나 계획에 대한 시민의 견해를 듣는 데 효과적이다. 공람은 지역시민 등이 미리 관련 자료를 열람할 수 있는 제도적 장치이다. 이 외에도 청원, 진정, 민원 등이 제도적으로 보장된 참여유형인데, 가장 활발하고 의사를 밝히는 데 용이한 제도는 민원이라 할 수 있다.

이러한 제도적 참여가 제대로 이루어지지 않고 실제 참여가 효과를 발휘하지 못하게 되면 참여는 비제도적인 형태로 나타난다. 대표적인 것인 집회, 데모 등의 항의활동이다. 실상 시민의 요구가 정부의 정책결정 과정에 나타나지 않는 경우가 많기 때문에 이러한 비제도적 참여형태로 표출되는 경우가 적지 않다. 이러한 비제도적 참여도 형태에 따라 다시 세 가지로 구분할 수 있다. 시위, 점거, 농성 등의 형태를 저항형 참여라 할 수 있는데, 지역시민들이 정부의 정책 등에 대해 가장 즉각적으로 반응하여 사회문제화시키는 것이다. 저항형에 비해 한 단계 발전된 형태를 요구형 참여라 할 수 있다. 시민들이 정부정책에 수용할 것을 전제로 조건을 제안하는 것이다. 다음으로 주도형 참여는 비제도적 참여에서 가장 발전된 참여형태로 시민들이 지역의 개발 및 정책을 주도하는 경우로 문제를 해결하기 위해 적극적으로 참여하는 것이다. 이러한 주도적인 참여는 일반적으로 발전적인 대안을 제시하고 정부와 함께 정책을 만들어 나가는 것이다. 〈표 1-5〉는 전통적인 시민참여유형을 다양한 기준에 따라 분류한 것이다.

표 1-5 전통적인 시민참여유형

구 분		내 용
제도적 참여	제도적 참여	–시민투표 등 –공청회나 공람 등을 통한 의견서제출 –각종위원회 –지방의회
	준 제도적 참여	–청원, 진정, 민원 등 행정제도상 보장되어 있는 참여 –의회에 청원이나 진정을 하는 경우도 늘어남 –시민단체, 이익집단
비제도적 참여	저항형 참여	–지역시민들의 시위, 점거, 농성 등 –즉각적으로 반응하여 사회문제화 시키는 형태
	요구형 참여	–저항형에 비해 한 단계 발전된 참여형태 –시민들이 계획안 자체는 수용하되 조건 요구 –경제적 이해에 집중되었던 관심이 점차 일반적 이해로 전환
	주도형 참여	–가장 발전된 참여형태 –시민이 주도하는 경우로 문제를 해결에 적극적으로 참여 –보편적인 목표달성을 위해 참여 –적극적이고 발전적인 대안의 제시와 함께 정부와 조화를 이룸

출처: 채성주, 최용환, 원세용, 홍병곤[24] 재구성

이 외에도 짐머만(Zimmerman)은 참여의 적극성에 따라 수동적 참여와 능동적 참여로 분류한다.[25] 시민총회, 위원회 활동 등 적극적으로 견해를 제시하는 경우를 능동적 참여라 할 수 있고, 공무원들이 제공하는 정보를 받아들이는 것을 수동적인 참여라 할 수 있다.

OECD에서도 참여를 시민의 적극성에 따라 분류하고 있는데[26] 정보형, 피드백과 협의형, 능동적 참여형으로 구분하고 있다. 정보형은 앞의 수동형 참여와 비슷한 내용이고, 피드백과 협의형의 경우는 시민들이 정부의 정책에 대해 토론과 협의를 시도하는 것을 의미한다. 능동적 참여형은 조직에 참여하여 적극적으로 의견을 제시하는 것이다

현실에서 나타나는 다양한 시민참여는 그 유형에 따라 영향력에 차이가 있다. 정책과정에서 시민참여의 영향력이 실질적으로 나타나는 것도 중요하지만

어떤 형태의 참여든 민주주의 가치의 구현이라는 큰 틀에서 의미있는 행위라 할 수 있다.

▒ 시민참여 영향요인

이러한 전통적인 시민참여에 영향을 주는 요인으로는 이익, 이념, 신뢰, 제도 등이 대표적이다. 먼저 시민참여는 이익과 관련되어 이루어진다고 할 수 있다.[27] 개인이 의사를 결정하고 행동하는 데 있어 이익의 유무는 핵심적인 요인이라 할 수 있다. 이익이란 '정신적으로 물질적으로 이롭고 보탬이 되는 일'로 반드시 개인적인 이익일 필요는 없다.[27] 개인이 공공의 이익을 위해 행동하는 경우도 있으며, 공익이 개인의 이익과 연관되어 있을 때 참여가 이루어지게 된다. 만약 개인 또는 공공의 이익 증진과 참여가 밀접하게 연관되어 있으면 개인은 적극적인 참여에 임하게 될 것이다.

다음으로 참여에 영향을 주는 요인으로 이념을 들 수 있다.[28] 이념이란 어떤 것을 이상적으로 여기는 생각이나 견해로 행정이념이라 할 때는 추구하는 가치와 준수할 규범을 말하는 것으로 정부정책에 대한 태도에 영향을 주고 결과적으로 시민참여에 영향을 줄 수 있다고 본다.[29] 개인이 가진 '보수'와 '진보'라는 이념이 투표에 영향을 미칠 뿐만 아니라 정책 선호도와도 연관성을 가지는 것으로 나타날 수 있는 것이다.[30]

다음으로 시민참여에 영향을 주는 요인으로 신뢰를 들 수 있다. 신뢰는 행위자들 간에 가지는 믿음이자 기대를 말하는데, 일반적으로 사람들 간의 협력적 행동을 증가시키고 사회적 자본을 형성시킨다.[18] 이러한 신뢰가 감소하면 참여가 줄어드는 것으로 나타났다.[31] 반대로 신뢰가 높을수록 시민들의 소통과 참여가 증가하는 것으로 나타났다.[22]

마지막으로 참여에 영향을 주는 결정적인 요인으로 제도의 유무를 들 수 있다. 신제도주의적 관점에서 제도는 "행위자의 행동에 부과되는 유형화된 제약"으로 제도의 유무에 따라 개인의 의사결정과정에 영향을 줄 수 있다고 본다.[27]

즉, 참여제도의 유무에 따라 참여에 영향을 준다는 것이다. 정부가 1990년대 이후 지방자치제 실시와 함께 시민참여를 보장하는 다양한 참여제도를 도입하면서 시민참여가 증가하였다.[32] 참여제도가 참여에 긍정적인 영향을 주기 때문이다.

이외에도 참여에 영향을 미치는 요인에 대한 다양한 연구가 이루어져 왔다. 특히 미디어 환경변화 및 발달이 시민참여에 영향을 미치는 요소임을 밝히는 연구가 많이 이루어지고 있다.[33] 최근 급속히 확산되고 있는 소셜 네트워크 서비스(social network service, SNS)도 시민참여를 확산시키는 주요 요인으로 작용하는 것으로 나타났다.[34]

과거 웹1.0 기술에는 정보생산과 공유가 소수의 웹사이트에 집중되어 있었던 데 반해, 개방성과 상호작용성을 기반으로 한 SNS는 연결성을 기반으로 시민참여의 효율적인 매체로 활용되는 것으로 보인다. 즉, 이러한 ICTs(information communication technologies) 발달 및 활용행태는 시민참여와 상관관계를 가지고 직·간접적인 영향력을 주는 것으로 나타났으며, 이는 참여의 형태 및 유형에도 변화를 가져오고 있다.

2.2 정책과정에서 시민참여의 확대

온라인 시민참여의 등장

정보통신기술의 발달과 스마트 미디어의 보급 확대로 온라인에서 새로운 시민참여방법이 도입되고 있다. 기존의 주민참여가 주로 오프라인을 통해 이루어졌지만, 오늘날에는 전통적인 방법과 정보통신기술의 장점을 살린 온라인 참여가 함께 이루어지고 있다. 온라인참여가 주는 쌍방향 의사소통이 가능한데서 주는 장점이 매우 크기 때문이다.

온라인 시민참여는 그간 정책결정과정이 소수의 정부관료 또는 선거에 의한 대리인에 의해 제한되어 왔던 현실에 참여를 확대함으로써 궁극적으로 민주주의 발전을 추구할 수 있다는 데 큰 의미가 있다. 과거 정책결정은 소수의 정부 관료에 의해 행해졌기 때문에 일반 시민은 의견을 낼 기회조차 없는 경우가 많았다. 앞에서 설명한 거버넌스가 도입된 이후에야 참여의 기회가 일부 제한적으로 이루어지고 있었지만 참여의 확대에 대한 요구는 항상 있어 왔다. 그런데 인터넷의 발달에 따른 온라인이 새로운 시민참여 수단으로 활용되면서 과거에 비해 많은 시민들의 정책참여가 이루어지게 된 것은 과거와 비교할 때 매우 놀라운 일이다.

▪ 시민참여 유형의 변화

그 결과 시민참여 유형에도 많은 변화가 나타나고 있다. 인터넷을 활용한 시민참여는 이미 중앙정부에서 지방정부, 그리고 의제설정부터 정책평가까지 정책과정의 전 단계에 걸쳐 다양한 모습으로 나타나고 있다. 기존의 오프라인 참여가 아닌 이러한 인터넷을 통한 시민참여를 온라인 참여 또는 전자적 참여라 부른다. 정책과정에서의 온라인 시민참여 방법으로는 다음과 같은 제도들이 대표적이다.[35]

온라인 시민참여제도

① 온라인 시민배심원(eCitizen Jury)

각 분야에서 대표성을 지닌 개인들이 참여하며 일정기간 동안 정부의 정책안을 검토하고, 토의하여 권고안을 제출하게 된다.

② 전자청원(ePetition)

시민들이 의제를 설정하고 일정기간 토론을 거치면서 청원안을 결정하고 이에 대한 지지서명을 첨부하여 정부 혹은 의회에 제출한다.

③ 온라인 포커스 그룹(Online Focus Group)

정책 분야에 대한 전문지식을 갖춘 8~10명의 포커스 그룹이 1~2시간의 토론을 통하여 정책에 대한 검토안을 제시한다.

④ **온라인 주민투표(Deliberative Option ePoll)**

250~600명 정도로 구성된 시민들이 2~4일 동안 전문가 집단의 자문을 받으면서 정책안에 대해 토론한 후 정책안에 대해 투표를 한다.

⑤ **온라인 시민패널(ePeoples Panel)**

성별, 연령, 지역 등을 고려하여 선발된 1,000~2,000명의 시민패널을 대상으로 일 년에 서너 차례 정책에 대한 여론조사를 한다.

⑥ **온라인 여론조사(Public Opinion Poll Online)**

시민들을 대상으로 정책에 대한 여론조사를 실시한다.

⑦ **문자투표(eVoting/eReferendum)**

전체 구성원들이 참가하는 것으로 정책안에 대해 직접 투표를 실시한다.

출처: Coleman and Gøtze[35]

이러한 시민참여방법들은 참여의 적극성 및 정부와의 관계에 따라 오프라인에서의 참여와 같이 유형을 구분할 수 있다(표 1-6). 우선 정보제공(information)의 유형에서는 정부가 정책과 관련된 정보를 공개하면 시민들은 자신들이 필요한 정보를 얻을 수 있는 것이다. 이 단계에서 시민들은 지극히 수동적으로 참여하게 된다. 정부 부처들의 홈페이지나 이메일을 통한 정보제공이 여기에 해당한다.

두 번째, 협의(consultation) 유형은 정부가 정책 정보를 공개할 뿐만 아니라 정책의 내용에 대한 시민들의 의견을 수렴하는 장치를 마련하는 것이다. 정책결정 과정에서 시민들은 인터넷 게시, 온라인 여론조사, 온라인 포럼 등을 통해 정책에 대한 자신들의 의견 및 입장을 주장할 수 있다. 그러나 여전히 이 단계에서도 정부와 시민은 제한적인 의사소통방향을 보이며, 정책주도권은 정부에 있다. 시민은 설문조사 등을 작성하지만 의견을 제시하는 데 그치는 것이다.

표 1-6 정책과정에서 온/오프라인 주민참여 유형

유 형		참여방법
정보제공	수동적	공보, 정보관리시스템, 정부 웹사이트와 포털사이트
	능동적	TV, 라디오, 인쇄물, 인터넷방송
협의	쌍방향 없음	자료분석 S/W, 시민접촉을 위한 e-mail
	쌍방향	서베이, 온라인 여론조사, 온라인 채팅 협의지침, 공청회, 포커스그룹, 시민패널
적극적 참여	정부주도	합의회의, 시민배심원, 공공대화, 온라인 토론그룹, 전자청원
	시민주도	토론회의, 독립적인 웹사이트, 온라인 태팅그룹, 메일링

출처: OECD[26] 수정

마지막으로 참여(active participation) 유형이 있다. 이 단계에서 시민들은 의제설정 단계에서부터 참여하면서 각종 정책안에 의견을 제시할 수 있다. 온라인 시민배심원, 온라인 시민패널, 전자청원(e-petition) 등의 제도 등을 통해 정책결정과정에 적극적으로 개입하며 정부와의 의사소통에 파트너십을 보인다. 그러나 정책결정의 최종권한과 책임은 여전히 정부에게 있다.

2017년 도입된 청와대 국민청원 게시판은 대표적인 전자청원 참여방식으로 매우 활발하게 시민참여가 이루어지고 있는 곳이다. 이러한 전자청원제도는 시민들이 직접 정책에 의견을 내고 정부와 소통할 수 있어 직접민주주의의 가치에 부합하는 제도로 긍정적이다. 그러나 여전히 정부가 제공하는 플랫폼에서 이루어지는 것으로 정부가 주도하고 정부가 의사결정권을 가진다는 데는 변함이 없다.

청와대 국민청원 게시판

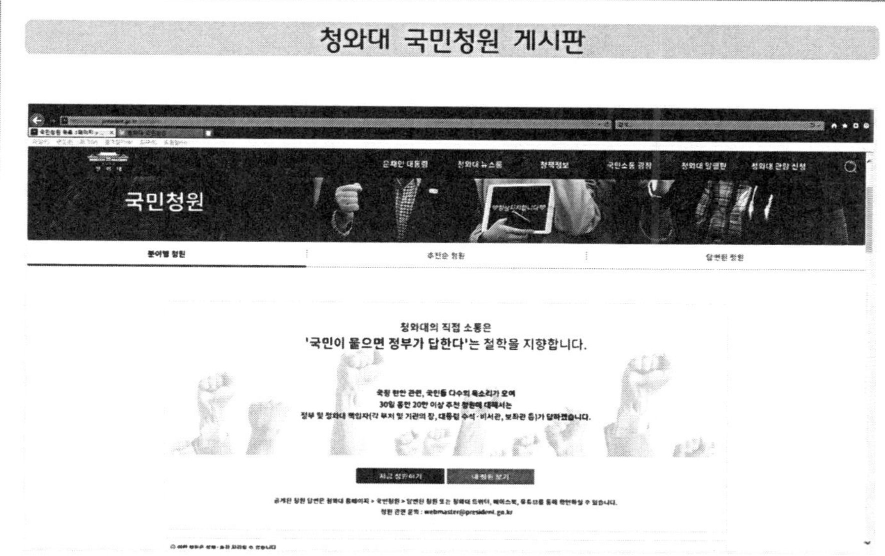

청와대 국민청원(靑瓦臺國民請願)은 '국민이 물으면 정부가 답한다'는 국정철학을 지향·반영하고자 청와대가 도입한 전자청원 플랫폼이다. 2017년 8월 17일 문재인 정부 출범 100일을 맞이하여 19일 청와대 홈페이지를 '국민소통플랫폼'으로 개편하면서 신설하였다. '국민소통광장'이라는 탭을 새로 만들어 토론방, 국민신문고, 인재추천, 효자동사진관과 함께 처음 선보인 것이다. 2018년 2월 23일 기준으로 약 124,500건을 넘는 글이 올라와 일평균 658건을 기록했다.

청원은 정치개혁, 외교/통일/국방, 일자리, 미래, 성장동력, 농산어촌, 보건복지, 육아/교육, 안전/환경, 저출산/고령화대책, 행정, 반려동물, 교통/건축/국토, 경제민주화, 인권/성평등, 문화/예술/체육/언론, 기타 등 17가지 카테고리로 분류돼 있다. 청원을 받기만 하는 것이 아니라 30일 동안 20만 명 이상의 동의가 모일 경우에는 장관과 수석비서관을 포함한 정부 관계자의 공식 답변을 30일 이내에 들을 수 있도록 했다. 국민청원은 별도 가입 없이 SNS 계정으로 로그인해 누구나 청원을 제기할 수 있으며, 다만 욕설 및 비속어 등이 사용될 경우에는 삭제될 수 있다.

2017년 8월부터 2018년 11월까지 34만여 건(하루 700여 건)의 청원이 올라왔고, 이 중 55건의 청원은 20만 명 이상의 동의를 받았다. 20만 명 이상의 국민들이 추천한 청원에 대해서는 정부 및 청와대 관계자(각 부처 장관, 대통령 수석비서관, 특별보좌관 등)의 답변을 받게 되는데, 이 중 일부는 실제 정책으로도 반영됐다.

청와대 국민청원 게시판은 국민이 직접 정책을 제안하고 의견을 내는 직접민주주의의 본보기라는 긍정적 평가를 받고 있는 것은 물론 일부 사건들이 이 게시판을 통해 사회적 이슈로 부상하는 데도 큰 역할을 했다. 그러나 한편에서는 청원 게시판에 올리는 일부의 무분별한 청원이 부정확한 사실을 확산시키고 여론재판을 부추길 수 있다는 비판도 제기되고 있다.

출처: 네이버 지식백과, 시사상식사전

2.3 시민참여와 거버넌스 원칙

시민참여의 한계

정보통신기술의 발달과 스마트 미디어의 보급 확대로 과거에 비해 정책과정이 시민에게 개방되고 참여가 확대된 것은 분명하다. 그러나 시민참여의 확대는 다양한 이해관계자의 합의를 필요로 하기 때문에 갈등의 가능성을 내포하고 있다. 따라서 집단간 갈등 속에서 사회적 합의를 이끌어내지 못할 경우 공동체 분열 등 상당한 수준의 비용지불이 불가피하다.[36] 또한 합의를 이루는 과정에서 많은 사람들의 시간과 노력이 들어간다.

그런데다 합의가 이루어진 정책이 본래의 목적이나 공공의 이익을 위한 결정이 아닐 수도 있다. 시민참여의 증가는 정책결정자들이 시민들의 의견의 수용하는 방향으로 선택되기 때문에 이러한 문제가 생긴다.[37] 결과적으로 시민참여가 확대되더라도 정책의 정당성이 훼손될 수 있는 것이다.[38] 온라인 참여가 개방되어 있지만 정부가 제공하는 플랫폼에 들어가 적극적으로 참여하는 것은 교육수준이 낮거나 소득수준이 낮은 사람에게는 여전히 힘든 일이다. 즉, 교육수준이 높거나 소득수준이 높은 사람들이 더 많이 참여하게 되고, 그들의 이익을 높여줄 수 있는 의사결정을 하게 될 수 있다.

즉, 정책내용과 직접적인 관계를 가진 특정집단이 의사결정과정을 주도할 수 있다.[39] 온라인에서 이러한 문제는 더 심각하게 발생할 수도 있다. 의도적으로 제한된 정보를 제공하여 특정집단이 의도한 방향으로 시민들의 참여를 이용할 수 있는 것이다. 특정집단이나 정부에 의해 시민여론이 조작되거나 왜곡되었음을 주장하는 사례는 점점 더 증가하고 있다.

따라서 시민참여의 증가가 항상 바람직한 결과까지도 가져오는 것은 아니라는 것을 알아야 한다. 시민참여가 공공의 이익 및 민주주의 가치를 추구하기 위해서는 거버넌스 원칙을 갖추고 이루어져야 할 것이다.

시민참여에 있어 거버넌스 원칙

거버넌스는 과거에 정책과정에서 소외되었던 일반 시민들의 참여를 중요한 요소로 보고, 시민참여를 바탕으로 정부, 기업 등 다양한 이해관계자들이 상호 호혜적인 협력을 근간으로 정책을 결정하고 문제를 해결하는 것이다. 이때 시민참여는 정부의 정책에 정당성을 부여하고 정책의 실행에 있어서도 보다 높은 효과성을 얻게 한다.

이러한 참여는 거버넌스의 본질적인 요소로 강조되어야 하는 것이 마땅하다. 이러한 참여는 거버넌스 체제 내에서 시민들의 역할을 어느 선까지 보느냐에 따라 달라질 수 있다. 이스타인(Esstein) 외의 분류[40]에 따르면 우선 사회구성원을 행정 서비스의 소비자로 간주하는 시각이 있다. 이 경우 참여는 거의 이루어지지 않거나 가장 소극적인 형태에 머문다. 이때 시민은 정부에서 제공하는 공공서비스의 수혜자일 뿐이다. 다음으로 투자자로 보는 시각이다. 이는 소극적인 거버넌스 체제로 소극적인 차원의 시민참여만 이루어지고 정부는 정부성과에 관해 일반에게 공개하고 행정서비스를 제공한다. 다음으로 사회구성원 즉 시민을 공동생산자로 보는 것이다. 시민사회가 성숙되어 감에 따라 시민들은 적극적으로 정부의 정책집행에 대한 비판과 협조를 한다. 그러나 시민은 정책집행을 도와줄 뿐, 각종 결정권을 가지지는 않는다. 마지막으로 사회구성원 모두를 의제설정자로 보는 시각이다. 이 경우 정부가 중요한 정책의제를 설정하고 사회의 미래상을 계획할 때, 이해관계자들이 직접 참여하여 의사결정을 하게 된다.

진정한 거버넌스는 사회구성원 모두를 의사결정자로 보고 의사결정과정에 참여하는 것을 의미한다고 할 수 있다. 그러나 과거에는 이러한 참여가 시간과 공간의 제약, 비용의 문제 등으로 이루어지기 힘들었는 데 반해 오늘날 새로운 기술발달 및 사회변화는 이러한 문제를 해결할 수 있는 가능성을 보여주고 있다.

거버넌스는 시민참여를 바탕으로 기존 접근방식으로는 한계가 있던 다양한 사회문제 해결에 답을 찾아준다. 이때 앞서 제시한 다양한 거버선스의 원칙이 고려될 때 시민참여가 가지는 본연의 목적 및 가치에 가까워질 것이다(그림 1-1).

그림 1-1 거버넌스를 이루는 다양한 구성요소들

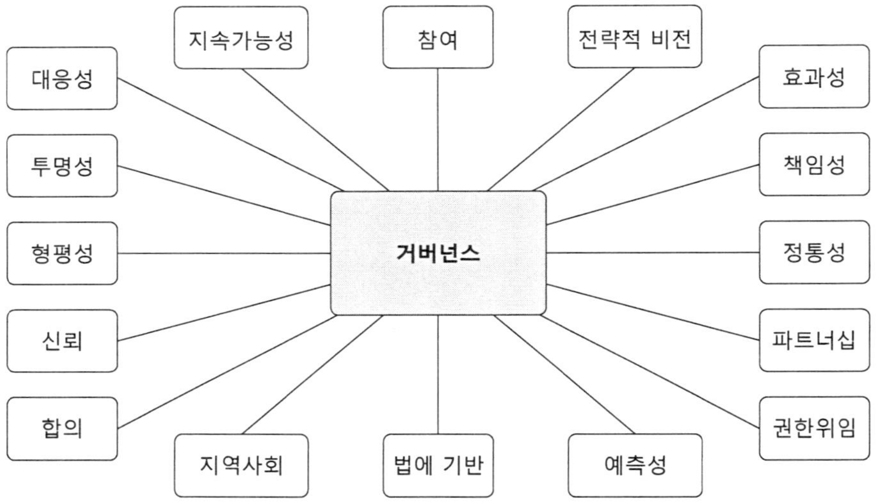

지속가능성
참여
전략적 비전
대응성
효과성
투명성
책임성
형평성
거버넌스
정통성
신뢰
파트너십
합의
권한위임
지역사회
법에 기반
예측성

참고문헌

1. 최홍석(2017), 정부 정보자원의 인권적 관리에 관한 연구. [NHRC] 국가인권위원회.
2. Kooiman, J(1993), *Modern Governance: New Government-Society Interactions*, London, Sage.
3. Rhodes, R. A. W.(1997), *Understanding Governance: Policy Networks, Governance and Accountability*, Buckingham: Open University Press.
4. Pierre, Jon, Guy Peters(2000), "Why the Concern with Governance Now?", *Politics and the State*, St. Martin's Press: 50-69; UNDP(1997), 인간개발보고서, UNDP.
5. Rhodes, R. A. W.(1996), "The New Governance: Governing without Government," *Political Studies*, 44(4), 652-667.
6. 고숙희 외(1998), 미래의 국정관리, 법문사.
7. 김종순 · 강황선(2004), 환경거버넌스, 집문당.
8. Pierre, Jon, Guy Peters(2000), "Why the Concern with Governance Now?", *Politics and the State*, St. Martin's Press: 50-69.
9. 김미경(2006), "거버넌스의 이론과 적용," 뉴거버넌스 연구센터.
10. 주재복 · 한부영(2006), 갈등 유형별 협력적 로컬거버넌스의 구축방안, 서울: 한국지방행정연구원.
11. 홍순구 외(2020), 스마트 거버넌스: 정책과정의 혁신, 유원북스.
12. 김석준(2002), 거버넌스의 이해, 대영문화사.
13. 행정자치부 백서(2005), 행정자치부.
14. http//magnet.undp.org; www.adb.org/governance; www.worldbank.org 참조.
15. http//magnet.undp.org, UNDP 'governance', 1997 참조.
16. 윤순진(2005), "중저준위 방사성폐기물 처분시설 건설 현황과 쟁점", KOREA ENERGY ECONOMICS INSTITUTE, 6-31.
17. Schneider, Ingram(1997), *Policy Design for Democracy*, Lawrence, Kansas: University Press of Kansas.
18. Evans, K. G.(1996), "Chaos as opportunity: grounding a positive vision of management and society in the new physics," *Public Administration Review*, 56(5), 491-494.
19. 최창호(1996), 지방자치학, 서울: 삼영사.
20. Verba, Sidney(1967), "Democratic Participation, The Annals of the American," *Academy of Political and Social Science*, 273(1), 53-78.
21. Cunningham, J. V.(1972), "Citizen Participation in Public Affairs," *Public Administration Review*, 32(October), 589-602.
22. 임지원(2019), "부산지역주민의 폐로 수용성과 참여의사 결정요인: 고리1호기를 중심으로," 서울대학교 박사학위논문.

23. 전영평 · 최준호 · 이곤수(2003), "한국의 지방자치와 주민참여," 행정논총, 41(2), 53-83.
24. 채성주 · 최용환 · 원세용 · 홍병곤(2009), 도시 관리에 있어 주민참여의 범위와 권한, 충북발전연구원.
25. Zimmerman, B. J.(1986), "Becoming a Self-Regulated Learner: Which Are the Key Sub-Processes?," *Contemporary Educational Psychology*, 11, 307-313.
26. OECD(2001), Citizens as Partners: Information, Consultation and Public Participation in Policy-Making.
27. 하정봉 · 길종백(2013), "주민참여에 영향을 주는 요인에 관한 연구: 이익, 제도, 이념을 중심으로," 한국지방정부학회 학술대회 논문집, 2013(2).
28. 노대명 · 전지현(2011), "한국인의 복지의식에 관한 연구－사회통합을 위한 정책과제," 한국보건사회연구원.
29. 노대명 · 전지현(2011), "한국인의 복지의식에 관한 연구－사회통합을 위한 정책과제," 한국보건사회연구원.
30. Thurner, P. W. and F. U. Pappi(1998), "Measuring and Explaining Strategic Voting in the German Electoral System," Mannheim, Arbeitsbereich, 1.
31. Giddens(2011), *Introduction to Sociology*, W. W. Norton & Company.
32. 김혜정 (2012). 지역사회 시민의 참여활동과 영향요인, 한국행정학보, 46(2), 213-240.
33. Dalton, Russell J.(2008), "Citizenship Norms and the Expansion of Political Participation," *Political Studies* 56, 76-98.
34. 윤성이 · 김주찬(2011), "기술세대와 시민의식의 변화", 21세기 정치학회보 21(1), 133-154.
35. Coleman, Stephen, John Gøtze(2003), *Bowling Together: Online Public Engagement in Policy Deliberation*, Hansard Society.
36. Ostrom, Elinor(1990), *Governing the Commons*, New York: Cambridge University Press.
37. Coglianese, Cary(2004), "The Internet and Citizen Participation in Rulemaking," *A Journal of Law and Policy*, 1(1), 33-57.
38. Irvin, Renee A., John Stanbury(2004), "Citizen Participation in Decision Making: Is It Worth the Effort?", *Public Administration Review*, 64(1), 55-65.
39. Curry, Nigel(2001), "Community Participation and Rural Policy: Representativeness in the Development of Millennium Greens", *Journal of Environmental Planning and Management*, 44(4).
40. Epstein, P., L. Wray, M. Marshall, and S. Grifel(2000), Engaging citizens in achieving results that matter: A model for effective 21st century governance, In Center for Accountability and Performance's Symposium on Leadership of Results-Oriented Management in Government, 11, Washington, D.C.

제2장

4차 산업혁명과 스마트 거버넌스

스마트 거버넌스는 빅데이터, 인공지능 등 4차 산업혁명 기술을 기반으로 한다. 이에 이 장에서는 스마트 거버넌스를 이해하기 위해서 4차 산업혁명의 특성 및 대표적인 신기술에 대해 알아보고, 4차 산업혁명 시대의 도래에 따라 정책과정에서의 시민참여가 어떻게 변화할 것인지 살펴볼 것이다.

이를 위해서 4차 산업혁명의 기반이라 할 수 있는 정보통신기술의 발달과 스마트기기의 보급 확대에 따라 시민참여가 어떠한 변화를 겪고 있는지 살펴볼 것이다. 정보통신기술 발달 및 스마트 미디어 사용이 정책과정 및 정치과정에서의 시민참여를 어떻게 진작시키는지에 대한 연구는 정치학, 행정학, 언론학, 사회학 등 다양한 분야에서 활발한 이루어져 오고 있다.[1] 이는 4차 산업혁명에 따른 새로운 거버넌스를 논의하는 데 도움을 줄 것이다.

1. 4차 산업혁명과 디지털 발자국

1.1 4차 산업혁명이란?

4차 산업혁명의 시대

우리는 현재 제4차 산업혁명이라고 부르는 시대에 살고 있다. 4차 산업혁명은 2016년 세계경제포럼(WEF: World Economic Forum)에서 슈밥(Klaus Schwab)에 의해 언급된 이후 오늘날 정보통신기술(ICT)을 기반으로 한 새로운 산업의 시대를 나타내는 용어로 자주 등장하고 있다. 이 새로운 산업혁명은 사물인터넷, 빅데이터, 인공지능, 블록체인 등 신기술을 통해 기존의 컴퓨팅 기술을 한 단계 진보시키고 인간과 인간, 인간과 사물, 사물과 사물 등을 상호연결하여 전 세계 시장경제 및 산업에 큰 영향을 미치고 있다. 이러한 4차 산업혁명은 이전의 1~3차 산업혁명과 달리 속도, 영향범위, 영향력에서 압도적인 차별성을 가진

그림 2-1 1~4차 산업혁명의 핵심키워드

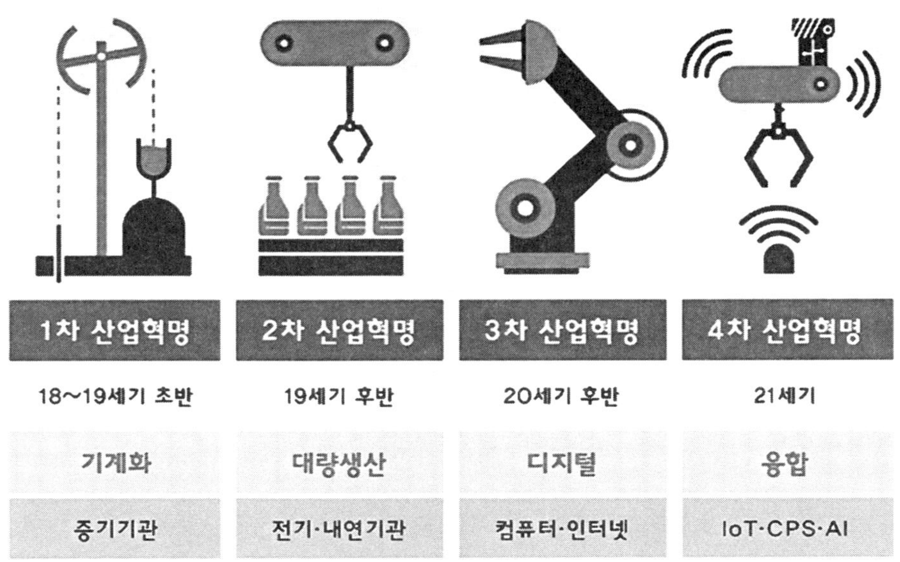

출처: www.irsglobal.com

다. 이에 사회 전반에 걸쳐 광범위한 영향을 끼치고 우리의 삶도 달라질 것으로 예상된다.

이러한 사회를 준비하기 위해서는 패러다임의 전환이 필요하고, 스마트 거버넌스는 이러한 4차 산업혁명 시대로의 변화에 적응하는 데 중요하게 작용할 것이다.

4차 산업혁명의 특징과 주요 기술

4차 산업혁명 시대는 초연결성(Hyperconnectivity), 초지능성(Superintelligence), 초예측성(Hyperprediction) 특성으로 설명된다. 새로운 시대는 사람과 사람, 사람과 사물, 사물과 사물이 인터넷을 기반으로 연결되어, 실시간으로 기록되고 축적된 막대한 데이터가 초지능성에 의해 분석되고, 분석결과를 바탕으로 인간의 행동을 예측하는 것이 가능해진다.

이러한 제4차 산업의 핵심원동력은 사물인터넷, 빅데이터, 인공지능, 로봇공학, 3D프린팅 등이라 할 수 있다. 인공지능, 사물인터넷, 클라우드, 빅데이터, 모바일 등 지능정보기술이 기존 산업과 서비스에 융합되고 3D프린팅, 로봇공학, 생명공학, 나노기술 등 여러 분야의 신기술과 연결되어 사물을 지능화한다. 아래 박스는 대표적인 4차 산업혁명 기술들이다.

4차 산업혁명 주요 기술

– 사물인터넷

사물에 부착된 센서와 통신망에 기반해 실시간 데이터 교환

– 빅데이터

디지털 환경에서 발생하는 다양한 데이터의 수집 · 분석 및 활용을 통해 제조현장 등 시스템의 최적화 · 효율화 도모

– 인공지능

인지, 추론, 학습 등 인간의 사고능력을 모방한 기술로, 다양한 분야에서 작업 효율성 향상

– 사물인터넷

생활 속 사물들을 유 · 무선 네트워크로 연결해 정보를 공유하는 환경. 각종 사물들에 통신기능을 내장해 인터넷에 연결되도록 하여 사람과 사물, 사물과 사물 간의 인터넷 기반 상호 소통을 이루는 것

– 가상현실

컴퓨터로 만들어 놓은 가상의 세계에서 사람이 실제와 같은 체험을 할 수 있도록 하는 최첨단 기술을 말한다. 머리에 장착하는 디스플레이 디바이스인 HMD를 활용해 체험할 수 있다.

– 로봇공학

기존 기계공학 중심의 로봇에 생물학적 요소를 적용해 적응성과 유연성

을 높임으로써 활용도 제고

출처: 미래창조과학부 홈페이지

4차 산업혁명에 대한 기대와 우려

이러한 새로운 시대에 대한 일반인들의 기대와 우려는 공존하고 있다. 2016년 슈밥이 4차 산업혁명 시대의 도래를 알린 이후 일반인을 대상으로 한 설문조사에서 대부분 4차 산업혁명이라는 용어에 대해 비교적 높은 인지도를 가지고 있는 것으로 나타났다. 단어만 인지한 경우가 61.7%, 단어 및 개념을 모두 인지한 경우는 24%, 전혀 모르는 경우는 14.4%에 불과한 것으로 응답하였다(base: 전체, N=2000, 2017). 이는 일반인들의 4차 산업혁명 시대에 관한 관심이 상당한 것을 보여 준다. 일반인들은 4차 산업혁명으로 생활의 편리성, 교통 환경의

그림 2-2 4차 산업혁명에 대한 기대

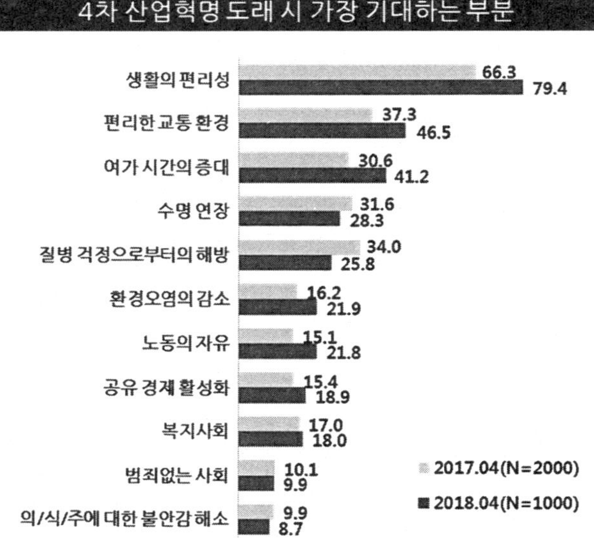

출처: 엠브레인 트렌드모니터(trendmonitor.co.kr)

그림 2-3 4차 산업혁명에 대한 우려

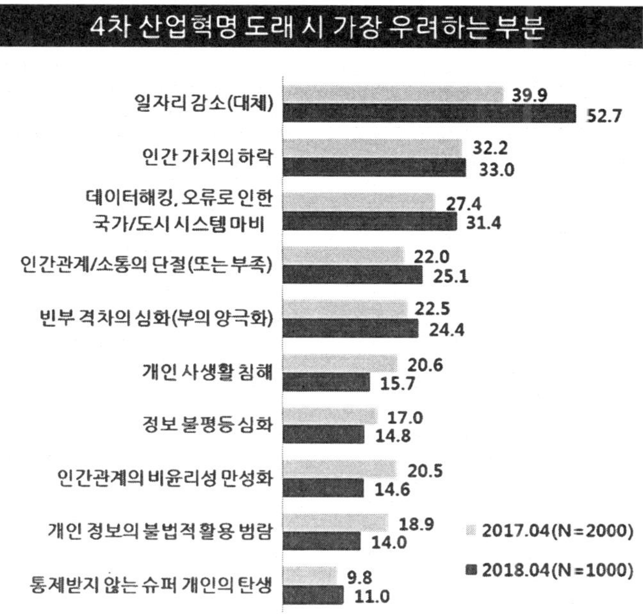

출처: 엠브레인 트렌드모니터(trendmonitor.co.kr)

개선, 질병으로부터의 해방, 여가시간이 증가할 것이라고 기대하고 있는 것으로 나타났다.

그러나 설문조사 결과 4차 산업혁명 시대에 대한 우려와 불안도 큰 것으로 나타났다. 일자리 감소, 인간가치의 하락, 데이터오류로 인한 도시 시스템 마비, 빈부격차의 심화, 인간관계 단절 등을 우려하는 것으로 나타나 미래에 대한 기대와 불안이 동시에 공존하는 것을 확인할 수 있었다. 특히 일자리 감소 및 인간가치의 하락 등은 오히려 2년에 걸쳐 이루어진 설문조사 결과에서 증가하였다.

4차 산업혁명에 따른 변화가 너무 빠르고 과거의 논리로는 예측할 수 없는 급격한 변화를 일으키고 있어 불확실성에 대한 기대와 함께 우려가 함께 공존하고 있다. 이러한 우려는 대부분이 인간관계 및 소통과 관련된 것으로 네트워크를 기반으로 소통하는 거버넌스의 필요성은 새로운 시대에 더 강조된다. 시민들의 우려를 최소화하고 해결하기 위해 새로운 거버넌스 체제를 서둘러 수립하여 불확실한 미래에 대응하는 것이 필요하다.

하지만 4차 산업혁명 기술이 사회에 어떤 영향을 주고 어떠한 방향으로 새로운 변화를 가져올지 불확실하기 때문에 정부의 역할도 쉽지 않은 것이 사실이다. 사회의 불확실성이 높은 상황에서 정부의 역할은 다양한 이해관계자 및 시민의 목소리를 듣고 함께 협력하는 것일 것이다. 즉 4차 산업혁명 시대를 대응하는 데 참여를 기반으로 하는 거버넌스의 중요성은 아무리 강조해도 무리가 없다.

1.2 포노 사피엔스의 등장과 디지털 발자국

▪ 웹기술의 발전

1990년대 중반 이후 일반화되기 시작한 인터넷 기술은 최근에 이르기까지 매우 빠른 속도로 발전해 왔다. 초기 인터넷 기술 웹 1.0 시대는 정보의 생산·공급·관리·배급이 사업자 내지는 한정된 공급자에 의해 주도되는 시대였다. 정보의 생산자와 소비자는 서로 분리되어 있었기 때문에 시민들은 정보의 생산자가 제공하는 서버에 접속하고 일방적으로 주어진 정보를 제공받을 뿐이었다. 정보에 대한 피드백(feedback)이 근본적으로 제한되어 있었다. 즉, 정부는 일방적으로 정보를 생산해서 제공하는 '정보생산의 주체'였고 국민은 정부가 생산해낸 정보를 일방적으로 전달받는 객체에 불과했다.

그러나 웹 2.0 기술 시대에 들어 정보의 생산자와 소비자 간의 경계가 허물어지게 되면서 시민들도 정보생산자가 될 수 있게 되었다. 근본적으로 '플랫폼으로서의 웹'에 의해 정보생산자와의 상호작용이 가능하게 된 것이다. 이와 같은 민주적이고 쌍방향적인 커뮤니케이션 구조는 웹 2.0이 지향하고 있는 참여, 공유, 개방의 3가지 이념에도 잘 묻어나고 있다. 이러한 웹 2.0 시대는 시민들

그림 2-4 웹기술의 발전

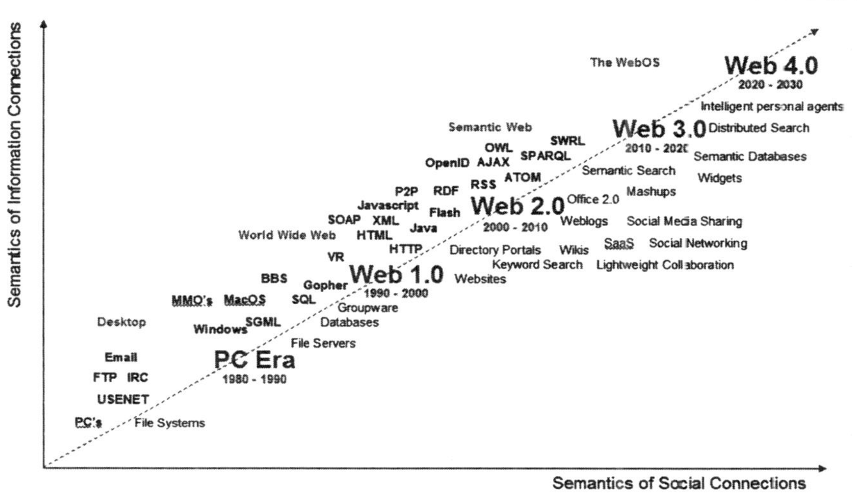

자료: Spivack,[2] Pascu(2009), p. 39에서 재인용.

이 참여를 통해 정보를 공유하고 생산하는 주체로 역할하게 되었다.

이러한 웹 1.0 시대에서 웹 2.0 시대를 거쳐 시맨틱 웹(Semantic Web)* 시대인 웹 3.0 시대로 단계적·연속적으로 웹기술은 더욱 발전하게 된다. 2000년대 후반에 접어들어서는 시맨틱 웹 기술에 기반한 웹 3.0 기술이 보편화됨으로써 정보생산자이자 소비자로서의 인터넷 이용자들 간의 상호작용뿐만 아니라 사물과 사물 간에도 끊임없는 상호작용이 가능한 시대로 접어들었다. 그리고 최근에는 웹 3.0을 넘어 웹 4.0 기술 시대를 향해 나아가고 있다는 주장까지 제기되고 있는 실정이다.

웹기술의 발달과 함께 인터넷 보급률과 인터넷 사용자 수는 빠르게 증가하고 있다. 국제통신연합기구의 조사결과에 따르면 선진국, 개도국의 구분 없이 전 세계 모든 국가가 인터넷 사용자 수가 증가하고 있다(그림 2-5).

* 컴퓨터가 사람을 대신하여 정보를 읽고 이해하고 가공하여 새로운 정보를 만들어 낼 수 있도록, 이해하기 쉬운 의미를 가진 차세대 지능형 웹이다(네이버 백과사전).

그림 2-5 인테넷 사용자 수의 증가

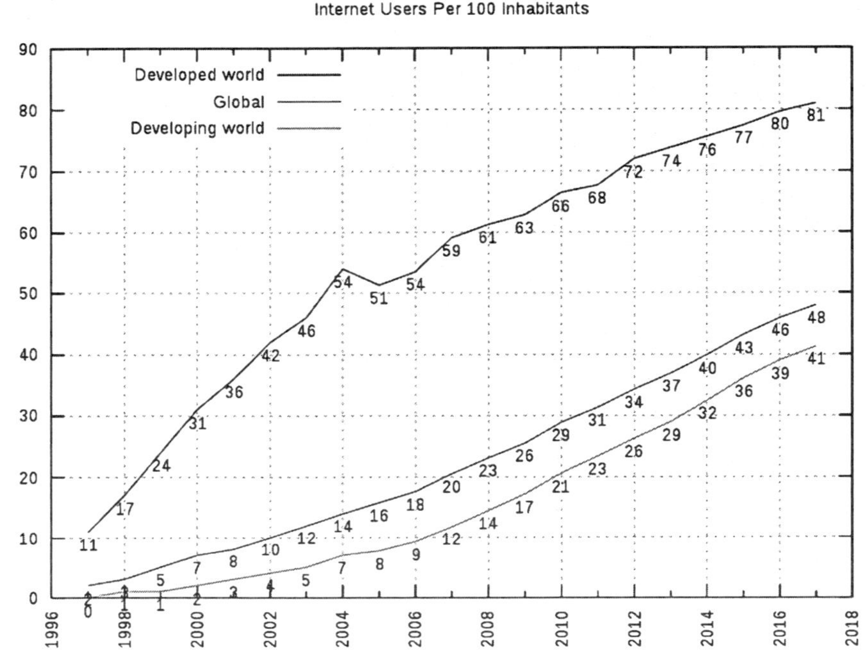

출처: International Telecommunications Union

포노 사피엔스의 등장

웹 기술의 진화와 더불어 스마트 미디어의 보급 확대는 우리 사회의 커뮤니케이션 구조를 근본적으로 바꾸는 큰 역할을 하게 된다. 일반적으로 스마트 미디어는 스마트폰을 포함하여 태블릿 PC와 스마트 플레이어 등 인터넷 및 통신 기술이 융합된 다양한 기기들을 포괄한다. 그중 스마트폰은 가장 핵심적인 기기라 할 수 있다. 이용자의 수가 가장 많고 우리의 일상생활에 가장 큰 영향력을 미치고 있기 때문이다. 전세계 인구의 절반 이상이 스마트폰을 사용하는 것으로 추정되고 있으며, 18개 국가를 대상으로 조사한 결과에 따르면 우리나라는 스마트폰 보급률이 95%로 가장 높은 나라로 나타났다.[3]

이는 선진국의 평균인 76%보다 20% 가까이 높은 수치이다. 일반 휴대전화 보급률까지 고려하면 우리나라 휴대전화 보급률은 100%인 것으로 나타났다. 표본조사라 100%로 단언할 수는 없지만 우리나라에서 휴대전화를 사용하지 않는 사람이 없다고 볼 수 있는 것이다. 그 외 주요 국가들의 스마트폰 보급률은 [그림 2-6]과 같다. 영국의 경제 주간지 이코노미스트(*The Economist*)에 따르면, 다가오는 2020년에는 인구의 80% 이상이 스마트폰을 소유할 것으로 예상되고 있다.

그림 2-6 주요 국가의 스마트폰 보급률

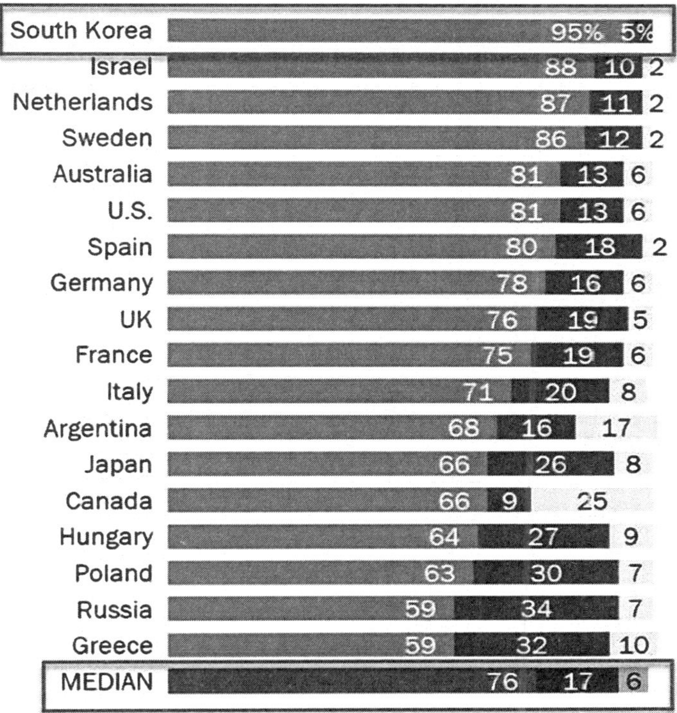

출처: Pew Research[3]

스마트폰은 무선인터넷이 가능한 컴퓨터와 휴대전화가 융합된 단말기이다.[4] 이러한 스마트폰은 시간과 공간의 제약을 받지 않고 인터넷 사용을 가능하게 만들면서 사람들의 생활패턴 및 소통방식에 큰 변화를 가져오고 있다. 특히 스마트폰은 애플리케이션(application)을 도입하여 과거 휴대전화에 비해 사용 편의성이 크게 높아졌다. 스마트폰이 상용화되기 이전의 일반 휴대전화의 경우 이러한 애플리케이션이 없어 인터넷 사용에 제약을 받을 수밖에 없었다. 이러한 애플리케이션 때문에 여러 스마트 미디어 기기 중에서도 스마트폰이 주목받는 것이다.

앱을 기반한 스마트폰은 더 이상 단순한 커뮤니케이션의 수단을 넘어 생활에 필요한 거의 모든 활동을 지원하는 생활미디어로 등장하게 되었다. 그 결과 스마트폰을 사용하는 사람들의 삶 전반에 혁신적인 변화를 가져오고 있다.[5] 최근에는 스마트폰을 신체의 일부처럼 생각하는 '포노 사피엔스(phono sapiens)'라는 용어가 새롭게 등장하였다. 휴대폰을 뜻하는 'Phono'와 생각, 지성을 뜻하는 'Sapiens'의 합성어인 '포노 사피엔스(Phono Sapiens)'는 '생각하는 사람'이라는 의미의 호모 사피엔스(Homo Sapiens)를 빗댄 말로, 스마트폰 없이 살아가기 힘들어하는 오늘날의 사람들을 이른다.[6]

포노 사피엔스 세대는 스마트폰과 한몸이 되어, 시공간의 제약 없이 소통하고 정보를 전달하면서 새로운 삶을 살아가고 있다. 포노 사피엔스 세대는 SNS를 통해 대인관계를 형성하는 것은 물론이고, 금융 및 경제활동, 여가와 취미생활에 이르기까지 모든 일상을 스마트폰과 함께한다. 궁금한 것이 있으면 언제 어디서든 인터넷에 접속하여 알아보고, 금융업무를 보거나 온라인쇼핑몰에서 물건을 살 때에도 스마트폰을 이용한다. 이렇게 24시간 스마트폰을 사용하면서 실시간으로 SNS에서 소통하고 의견을 교환한다.

이러한 포노 사피엔스의 등장은 개인의 삶뿐만 아니라 산업 및 경제에도 강력한 영향력을 발휘하고 있다. 모바일 전자상거래의 유통규모는 점차 커지고 있으며, 주요 광고매체였던 TV나 라디오가 이젠 그 자리를 모바일에게 속속 넘

그림 2-7 포노 사피엔스의 등장

출처: blog.lgdispoly.com

겨주고 있다. 포노 사피엔스 세대를 잡기 위한 핀테크, 모바일 쇼핑, e북, 웹툰 등 모바일 소비에 최적화된 콘텐츠는 계속해서 늘어나고 있으며, 4차 산업혁명 시대의 도래와 함께 새로운 형태의 서비스도 함께 나타나고 있다.

스마트폰을 손에 들고 우리는 엄청난 속도로 새로운 변화를 이끌어 내고 있는 것이다.

디지털 발자국

우리는 매일 일상적으로 스마트폰의 애플리케이션이나 온라인 플랫폼을 통하여 정보를 얻고 또 새로운 정보를 생산하고 전달하고 있다. 이러한 과정에서 우리는 의식적 또는 무의식적으로 많은 디지털 정보, 즉 데이터를 만들어 내고 있다. 인터넷을 사용하면서 남긴 구매 패턴, 속성, 결제방법, 구매이력, 소셜 네트워킹 서비스(SNS), 이메일, 홈페이지 방문 기록, 검색어 기록, 댓글 등 우리가 인터넷을 사용하면서 남긴 웹상의 다양한 디지털 기록, 흔적들을 디지털 발자국(Digital Footprint)이라 한다. 우리가 일상에서 남긴 모든 것들이 디지털 발자국으로 남겨지고 있는 것이다.

특히 스마트폰의 등장과 함께 일상생활이 데이터로 실시간으로 기록될 뿐 아니라 생성되는 데이터의 양은 폭발적이다.[7] 스마트폰은 언제 어디서나 시공간의 제약을 받지 않고 정보의 업로드와 다운로드가 가능하기 때문이다. 이러한 스마트폰의 기술적인 장점은 SNS를 비롯한 소셜미디어 사용의 편의성을 증가시켜 소셜미디어 사용도 크게 확대시키고 있다, 그 결과 SNS에 남겨진 디지털 발자국, 즉 데이터의 양도 엄청나게 늘어나고 있다. 2017년 IT조사기관은 2025년이면 전 세계 데이터 규모가 현재보다 약 10배 가량 늘어난 163ZB 이를 것이라고 전망하였다.[8] 전 세계적으로 데이터 총량이 기하급수적으로 늘어나고 있는 것이다.

인터넷에 남겨진 모든 디지털 발자국은 '빅데이터'라는 이름으로 기록되고 저장되고 분석될 수 있다. 데이터 자체로는 아무것도 할 수 없지만, 빅데이터로 가공과 분석의 과정을 거치면서 과거에는 쓸모없었던 데이터가 새로운 가치를 가지게 되었다. 오늘날 세상에 의미없는 데이터는 없어진 것이다. 기업은 이러한 빅데이터를 토대로 정보를 분석하여 고객 맞춤형 광고와 프로모션을 이미 제공하고 있다. SNS에서 내가 요즘 관심있어 하는 물건의 광고글을 받고 구매

그림 2-8 연도별 세계 데이터 규모와 추이

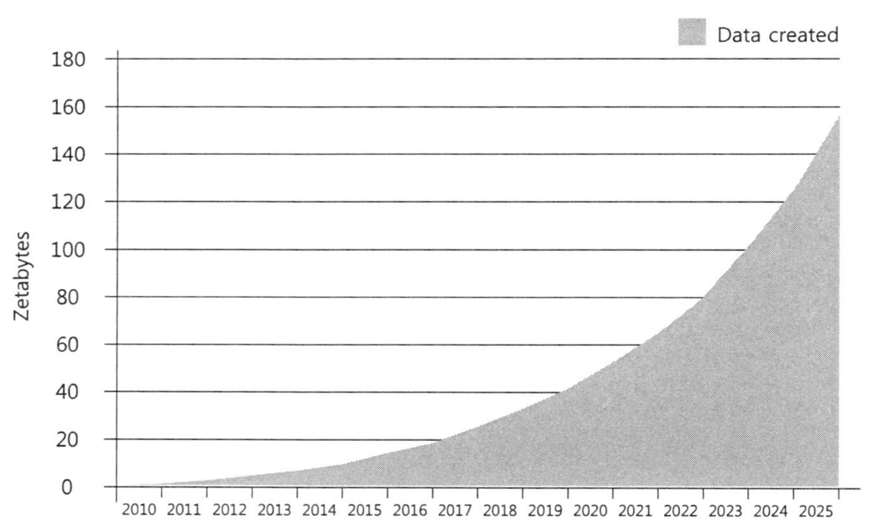

출처: IDC[8]

를 결정한 경우가 있을 것이다. 기업이 내가 남긴 디지털 발자국을 빅데이터로 분석하여 나에 대해 예측한 것이다.

앞으로 기업의 성공은 디지털 발자국에 남겨져 있는 정보를 빅데이터화하여 어떻게 활용할지에 달려 있다고 해도 과언이 아니다. 마찬가지로 새로운 시대의 정부도 디지털 발자국을 어떻게 파악하고 활용하는지에 따라 국가의 미래가 달라질 수 있다. 정부와 정책 수요자인 시민들과의 소통방식에 근본적인 변화가 필요한 시점이다. 인터넷에 남겨진 디지털 발자국을 통해 앞으로 참여가 어떠한 형태로 이루어질 수 있을지 논의가 필요하다.

2. 스마트 거버넌스의 정의와 원칙

2.1 스마트 거버넌스란?

디지털 발자국과 시민참여의 혁신

4차 산업혁명 시대에는 방대한 양의 정보와 데이터가 생산되고 수집된다. 이에 4차 산업혁명 시대를 빅데이터의 시대라 부르기도 한다. 온라인 게시판, 개인 SNS, 댓글, 공감누르기, 뉴스검색, 방문한 웹사이트, 신용카드 사용내역 등 내가 인터넷상에서 의도하거나 의도하지 않고 남긴 수많은 디지털 발자국이 데이터로 기록되고 수집되어 빅데이터를 이룬다. 이렇게 생성되는 빅데이터는 수치 데이터뿐만 아니라 문자와 영상 등 비정형 데이터를 포함하며, 그 규모가 방대하고 생성주기도 매우 짧다. 우리가 매일 일상을 지내는 것처럼 데이터도 일상생활에서 계속해서 새롭게 만들어지기 때문이다.

특히 스마트폰의 보급 확대와 포노 사피엔스의 등장은 온라인 공간을 통한 사회적 관계의 확대를 가능케 하는 다양한 소셜미디어(social media)를 활성화하였으며, 다양한 소셜미디어 중에서도 페이스북, 트위터 등과 같은 SNS 사용을 증가시켰다. 그 결과 비정형 데이터는 전 세계 데이터의 80% 이상을 차지하게 되었다.[8] SNS에서 시시각각 축적되는 데이터는 대부분 텍스트, 이미지, 영상 등으로 데이터의 형태는 달라지고 총량은 크게 증가한 것이다. 이러한 데이터는 과거에는 아무 쓸모없었지만 오늘날 세상에 의미없는 데이터는 없어졌다. 4차 산업혁명 시대의 도래로 이러한 비정형 빅데이터도 재가공되어 분석할 수 있게 되었기 때문이다. 그리고 이러한 빅데이터를 기반으로 오늘날 사람들의 행동은 물론 생각과 의견까지 분석하고 예측할 수 있게 되었다.

나의 관심사를 정확히 반영한 광고 메일을 받아 본 적 있을 것이다. 내가 남긴 웹 검색 내역, 방문한 웹사이트, 개인 SNS, 신용카드 내역, 위치정보 등 내가 인터넷상에서 의도하거나 의도하지 않고 남긴 디지털 발자국들이 빅데이터화되어 나를 파악하고 예측할 수 있게 하고 있다. 기업들이 빅데이터로 나의 취향을 맞춘 마케팅을 하는 것처럼 정부도 디지털 발자국 속에 숨겨진 시민의 니즈를 찾아낼 수 있는 시대가 된 것이다. 이미 4차 산업혁명은 경제, 사회 전반에 혁신적인 변화를 일으키고 있으며, 이와 함께 거버넌스의 형태도 진화하고 있다. 이러한 4차 산업혁명 시대의 새로운 거버넌스 형태를 '스마트 거버넌스(Smart governance)'라 할 수 있다.

'스마트'는 지금까지에는 기대할 수 없었던 고도의 정보처리능력을 가지고 있다는 의미로 '지능화, 첨단적'이라는 개념을 지니고 있다.[9] 이에 4차 산업혁명시대의 도래에 따른 새로운 거버넌스를 지칭하는 말로 적절하다. 일부 선행연구에서 스마트한 의사결정 절차 및 스마트시티에 존재하는 거버넌스라는 의미로 스마트 거버넌스를 사용하기도 하나 개념적으로 차이가 있다.[10]

거버넌스에서 가장 중요한 핵심은 시민참여라 할 수 있다. 스마트 거버넌스는 4차 산업혁명 핵심기술들을 거버넌스에 적용하여 사회문제 해결 및 정책과정에서 시민들의 참여를 확대시키고 궁극적으로 정책과정의 자동화·지능화를 추구하는 것이다. 이러한 스마트 거버넌스는 디지털 발자국으로 남겨진 내 생각과 의견을 찾아내 정책과정에 반영함으로써 시민 참여에 혁신을 가져올 수 있다. 즉, 시민들이 일상에서 의도하지 않고 남긴 비의도적인 참여도 가능하게 됨으로써 정책과정에 시민참여가 이전까지와는 완전히 다른 형태로 이루어지는 것이다.

예를 들어, 코로나19와 관련된 기사를 검색하고, 온라인카페에 들어가 지역화폐 게시글을 쓰고 댓글을 남기고, 마스크를 구매하고, 개인 SNS에 구매한 마스크 사진을 업로드하고, 따릉이 사용팁에 관한 글을 포스팅하는 등 우리가 인터넷을 기반으로 해서 무심코 지나간 일상들이 수집되어 빅데이터, 인공지능 기법을 통하여 정책과정에 반영될 수 있게 되었다. 이러한 참여는 내가 의도하지 않고 남긴 내 생각과 의견을 찾아낸다는 점에서 기존 거버넌스와 큰 차이가 있다.

그림 2-9 4차 산업혁명 시대 스마트 거버넌스

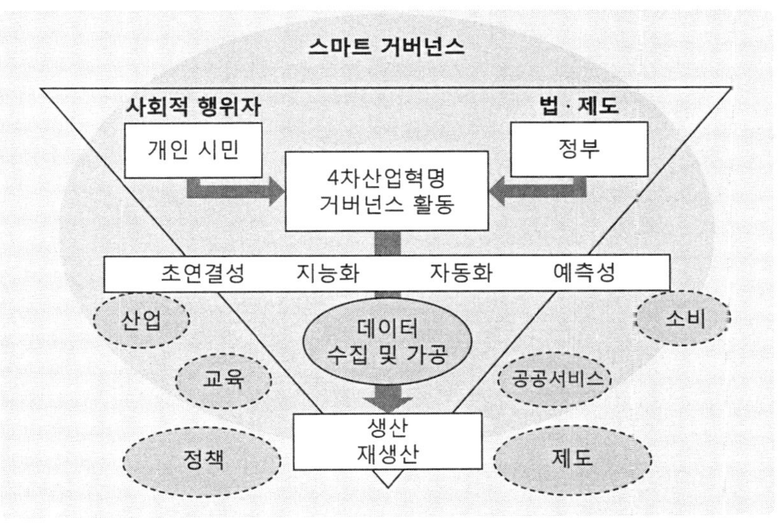

디지털 발자국 수집방법

– 웹 크롤링(Web Crawling)

웹 크롤러를 이용하여 인터넷에 공개된 정책 데이터를 자동으로 수집하는 방법을 웹 크롤링이라고 한다. 웹 크롤러는 특정 사이트의 비정형 데이터를 수집할 때 사용되며, 웹 크롤러가 수집할 웹 문서 주소(URL) 목록인 시드(seed)를 기준으로 웹 문서를 수집하고, 수집된 웹 문서에 포함된 URL을 다음 시드로 활용해 그 다음 웹 문서를 수집하는 방식을 따른다.

– 웹 스크래핑(Web Scraping)

웹 스크래핑은 웹 크롤링과 유사한 의미로 사용되지만 웹 브라우저 화면 내에서 필요 정보만을 추출해 내는 기술로 웹 크롤링이 모든 데이터를 수집한다면, 웹 스크래핑은 사용자가 필요한 정보만을 추출한다는 점에서 차이가 있다.

웹 크롤링과 웹 스크래핑을 오픈 소스(open source) 형태로 무료 지원하는 도구로는 R 프로그램의 httr 패키지(https://CRAN.R-project.org/package=httr.), 파이썬의 beautifulsoup(https://www.crummy.com/software/BeautifulSoup/) 라이브러리와 Scrapy(http://scrapy.org), Selenium(https://www.seleniumhq.org) 라이브러리가 대표적이다.

– Open API

Open API란 데이터를 어디서나 쉽게 활용할 수 있도록 운영체제나 프로그래밍 언어가 제공하는 기능을 제어할 수 있도록 만든 인터페이스로, 운영체제와 응용 프로그램 간 통신에 사용되는 언어나 메시지 형태로 구성되어 있다.

Open API를 이용하여 데이터를 수집할 때에는 주로 검색포털이나 공공기관의 데이터베이스와 연계되며, 이 경우 트래픽, 시스템 과부하, 데이터 소유권 등의 문제로 인해 해당 기관과 사전 협의가 필요하다. 따라서 개인은 데이터를 제공하는 기관에 인증키를 요청하고, 해당 기관의 관리자가 요청 정보를 확인한 후 API 인증키와 적용 소스를 보내주면, 이를 해당기관의 서비스 제공방식에 따라 접근하면 된다.

출처: 홍순구 외[1]

시민참여 형태의 변화와 확대

시민들이 남긴 디지털 발자국을 어떤 행태의 참여로 보아야 할 것인가? 시민들이 남긴 디지털 발자국이 스마트 거버넌스를 통해 정책과정에 반영될 수 있게 됨으로써 새로운 형태의 참여에 대한 논의가 필요하다. 최근 온라인을 통한 참여에 대한 연구가 많이 이루어지고 있는데, 온라인에서 직접적이고 의도적인 참여뿐만 아니라 다양한 행위들까지 참여의 범주에 포함시키는 것은 매우 의미있는 일이다.[12] 연구에서는 이러한 의도적이지 않은 참여를 수동적인 관여(passive engagement)를 기준으로 구분한 후 오프라인과 온라인 활동 유형을 설명하고 있다. 우리가 생각하는 전통적인 참여에는 투표와 같은 선거적 참여에서부터 지역공동체 활동, 보이콧과 같은 상품소비 활동 등이 있다. 그 외 직접적인 참여활동으로 분류하기 어려운 것들이 수동적인 관여로 분류될 수 있는데, 신문 읽기나 정치에 관해 토론하기, 신문사 편집장에게 편지 보내기, 스티커 부착하기와 같은 표현주의적 행위들이 있다.

이러한 새로운 형태의 시민참여에 대한 논의는 소셜 네트워크 서비스가 대중화되면서 전환기를 맞고 있다. 그 결과 소셜 네트워크 상에 새롭게 나타나는 참여 유형에 대한 관심이 점차 증가하고 있으며, 이를 참여로 정의할 수 있을지에 대한 논쟁이 제기되고 있다.[13] 분명 소셜 네트워크 서비스 상에서 나타나는 참여는 기존의 전통적인 참여와는 개념적인 부분에서 차이가 있다. 전통적인 참여가 실질적이고 의도적인 행위에 초점을 맞추고 있기 때문이다.[14] 그러나 오늘날 사람들은 온라인 게시판이나 SNS에 특별한 의도를 가지지 않고 자신의 생각과 의견을 자유롭게 표현하기도 한다. 비탁 등(Vitak, et al.)은 이러한 소셜 네트워크 서비스를 매개로 한 시민의 활동을 상징적인 참여로 정의하고 이러한 새로운 유형의 참여가 점차 확산되고 있다고 주장했다.[15]

다른 연구에서는 블로그 및 소셜 네트워크 서비스에서 이루어지는 참여를 단순히 정치성향을 표현한 것이라고 정의하며, 이러한 참여가 오프라인상에서의 표현주의 참여보다는 더욱 영향력있고 대중적이라고 설명한다.[16] 기존의 표현주의적 참여보다 블로그나 소셜 네트워크 상에서 코멘트를 하는 행위를 상호작용적이며 생산적인 참여라 본 것이다. 중요한 점은 이러한 참여 유형이 과거와는 분명히 다른 참여 형태를 인정한다는 점이다.

새로운 참여가 기존의 참여와 차이점은 시민들의 의견이 비의도적이며 상징적으로 표현된다는 것일 것이다. 이러한 비의도적인 참여에 우리는 주목할 필요가 있다. 사실 과거의 대부분의 참여는 정보 접근성이 높고 자신의 이익에 적극적으로 대변하는 시민들을 위주로 이루어진 것이 사실이다. 정책과정에 시민들의 참여가 개방되더라도 일상생활을 하는 소득집단의 경우 오프라인 및 온라인에서 사실상 참여의 여유를 찾기 힘들었을 것이다. 결과적으로 정책과정이 개방되어 있더라도 실질적으로 일반 시민이 참여하는 비율은 극히 일부분에 불과하게 된다. 그렇게 되면 참여는 이루어지지만 정책과정에서 이해관계를 가진 특정집단의 참여만이 확대되어 의사결정을 주도하게 되는 결과를 낳을 수도 있는 것이다.[17] 그러한 정책결정이 공동체의 이익과 부합되면 다행이지만 특정집단만의 이익을 반영하게 되면 정책의 정당성은 훼손될 수 있는 것이다.

이러한 표현주의적·상징적인 참여에 대한 개념적인 연구는 여전히 초기 단계로 계속적인 연구가 필요하지만 비의도적인 형태의 새로운 참여가 정책에서 중요한 의미를 가진다는 것은 부정할 수 없을 것이다. 오히려 비의도적인 형태의 참여가 다수의 시민들의 생각을 대변할 수 있기 때문이다. 이러한 참여가 대의민주주의의 위기를 극복할지에 대해선 다양한 시각차가 존재하지만, 참여의 확대를 통한 민주주의의 외연을 확대하는 데 기여한다는 것은 동의할 것이다.

따라서 어떻게 정책과정에 비의도적인 시민의 참여를 반영할 것인가?라는 매우 복잡한 문제에 직면하게 된다. 앞서 설명한 인터넷 기술의 발달과 그에 따른 소통방식의 변화, 그리고 포노 사피엔스의 등장, 그리고 최근의 4차 산업혁명에 이르기까지 정책환경은 과거와 비교할 수 없이 달라졌다. 그 결과 정책과정에 비의도적인 시민의 참여를 반영할 수 있게 되었으며, 이를 스마트 거버넌스라 할 수 있는 것이다.

새로운 형태의 시민참여를 제대로 이해하기 위해서는 달라진 정책환경에 대한 이해가 우선적으로 필요하다. [그림 2-10]은 우리가 일상적으로 사용하는 인터넷에서 다양한 형태로 이루어질 수 있는 비의도적인 참여를 나타낸 것이다. 정보통신기술 발달과 함께 스마트폰이나 태블릿 PC 등과 같은 모바일 기기 사용이 확산되면서 사람들은 인터넷상에서 정책이나 사회문제에 관해 의견을

그림 2-10 디지털 발자국을 통한 새로운 참여형태

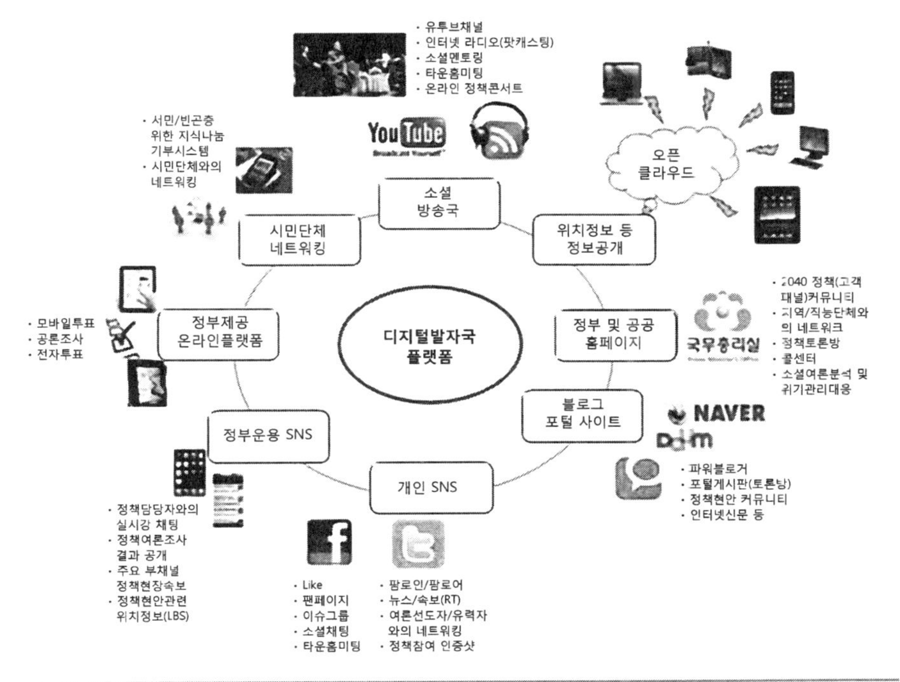

내는 것이 더욱 용이해졌다. 이에 사람들은 온라인게시판, 개인SNS, 댓글, 공감누르기, 뉴스검색, 웹포스팅 등을 통해 정책이나 사회문제에 대해 다양한 의견을 내고 이를 공유하고 있다. 하지만 정부가 제공하는 온라인 플랫폼 및 SNS를 사용하지 않으면 이러한 의견들이 정부관계자에게 전달되거나 정책과정에 반영되기는 어려웠다. 단지 이러한 정보는 인터넷에 남겨진 디지털 흔적, 디지털 발자국일 뿐이었다.

그런데 오늘날 인공지능, 빅데이터 분석 등의 기술을 통하여 과거 아무 쓸모없던 디지털 발자국들이 수집·가공·재생산되어 정부정책에 반영될 수 있게 된 것이다. 스마트 거버넌스는 정책과정에 시민들의 적극적이고 의도적인 참여뿐만 아니라 인터넷 공간에서 일상 속에서 자유롭게 이루어지는 비의도적인 참여도 포함하는 것이다. 비의도적 참여란 온라인 참여의 형태라는 가정에서 출발하는 것은 동일하지만, 정부의 온라인 플랫폼에 한정되지 않고 일상에서 인터넷을 사용하면서 남기는 댓글, 공감누르기, 블로그, 개인SNS, 검색 등을 포함한 다양한 행위들까지 포함하는 것으로 참여의 범위를 크게 확장시킨다. 이를 앞에서 설명한 온라인 표현주의 참여(e-Expressive Participation)로 일부 설명할 수도 있지만 이는 직접적인 참여활동으로 분류하기 어려운 것들에 집중하고 있어 다소 차이가 있다. 스마트 거버넌스는 인터넷 세상에서 일상적으로 남긴 비의도적 참여에 주목한다. 새로운 거버넌스는 내가 의도하지 않아도 새로운 정보 생산자가 되어 새로운 형태의 참여가 이루어질 수 있게 하는 것이다. 아래의 〈표 2-1〉는 거버먼트, 거버넌스, 스마트 거버넌스에 이르기까지 조직구조 및 시민 역할의 변화를 확인할 수 있다.

표 2-1 거버먼트, 거버넌스, 스마트 거버넌스 비교

구 분	거버먼트	거버넌스	스마트 거버넌스
조직구조	정부 주도의 계층적·폐쇄적 구조	정부-시민사회-시장 대리인에 의한 집단 간 관여	모든 이해관계자 및 대중이 직접적으로 참여 가능한 개방형 네트워크
정부역할	서비스독점 직접운영 관료중심 집권적 계층구조	경쟁도입 시장매커니즘 성과지향적	플랫폼
시민역할	고객	협력적 관계	주도적
참여범위	극히 일부	소수의 이해관계자	다수의 대중
문제해결방법	전통적인 행정절차에 따라 중앙정부가 직접 통제	행정절차의 수행에 있어 민간이 부분적으로 참여하여 역할 분담	정보기술 활용으로 이해관계자가 주도하여 협력적으로 가치창출

출처: 홍순구 외[11] 수정

기존의 거버넌스가 이해관계자 중심으로 이루어졌다면, 스마트 거버넌스는 정책과 관련된 이해관계자를 포함할 뿐만 아니라 일반 대중에 이르는 광범위한 시민의 참여까지도 가능하게 한다. 이러한 참여의 확대는 거버넌스에서 어떤 의미를 가질 수 있을까? 참여는 거버넌스의 핵심요소인 데도 불구하고 과거 시간적·물리적인 한계로 인하여 이러한 참여가 한정적으로 이루어져 왔다. [그림 2-11]은 거버먼트, 거버넌스 e-거버넌스, 스마트 거버넌스에서 참여의 범위를 나타낸 것이다. 물론 온라인 참여가 이루어지면서 참여의 확대가 과거에 비해 다소 이루어지기는 하였지만, 여전히 정치 및 정책과정에 대한 온라인에서의 참여는 사회경제적 지위가 높은 사람일수록 활발히 이루어지는 것으로 나타났다.[18] 그러나 비의도적이고 비공식적인 채널에서 이루어지는 새로운 형태의 시민참여는 과거 사회문제의 해결 및 정책과정에서 소외되거나 무심하였던 시민의 생각과 의견까지 정책과정에 반영할 수 있다는 데 큰 의미가 있다. 이는 다수의 의견을 반영한다는 점에서 민주주의 가치를 구현하고, 정책의 정당성 및 효율성을 높여 줄 것이다.

그림 2-11 스마트 거버넌스와 시민참여의 확대

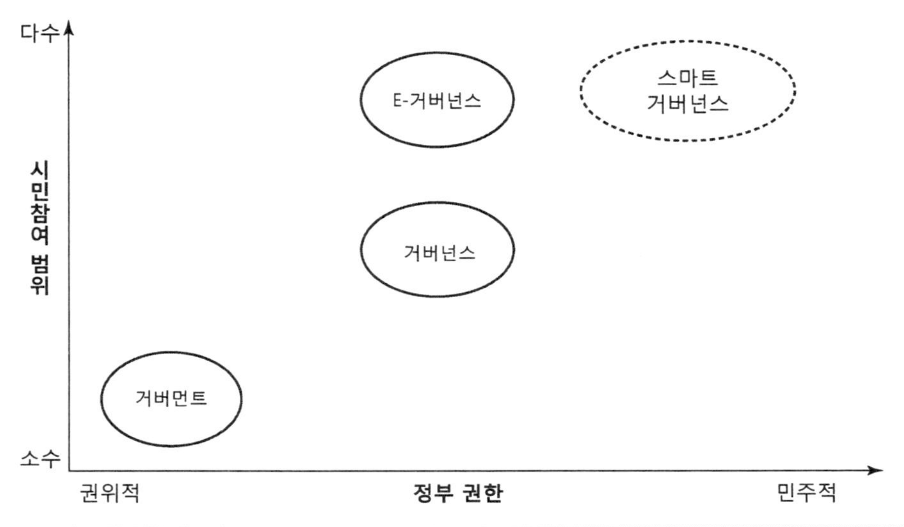

또한 스마트 거버넌스는 참여가 정책과정 전 단계에 걸쳐 원활한 피드백이 이루어질 수 있게 해준다. 과거 참여의 한계점 중 하나는 시민참여가 정책과정 전반에 걸쳐 고르게 나타나지 않는다는 점이었다. 거버넌스가 시민들의 참여를 가능하게 해주었지만 시민참여는 주로 정책평가와 같은 비교적 단순하고 덜 중요한 정책과정의 단계들에서 주로 이루어졌다. 정보통신기술 발달로 시민들의 참여가 온라인을 통해서 일부 확대되면서 정책의제의 설정, 정책의 결정과 집행, 평가에 이르는 전 단계에서 일부 시도되었지만 여전히 정책결정과 집행은 정부가 주도한다는 점에서 한계를 가지고 있다. 그러나 스마트 거버넌스는 정책과정 전 단계에서 시민참여가 원활하게 환류하는 것을 가능하게 하는 특징을 가진다. 이러한 정책과정의 원활한 환류가능성은 정책의 효율성을 제고하며, 정책의 목적을 달성하는 데 큰 도움을 준다.

그림 2-12 스마트 거버넌스의 원활한 정책 피드백

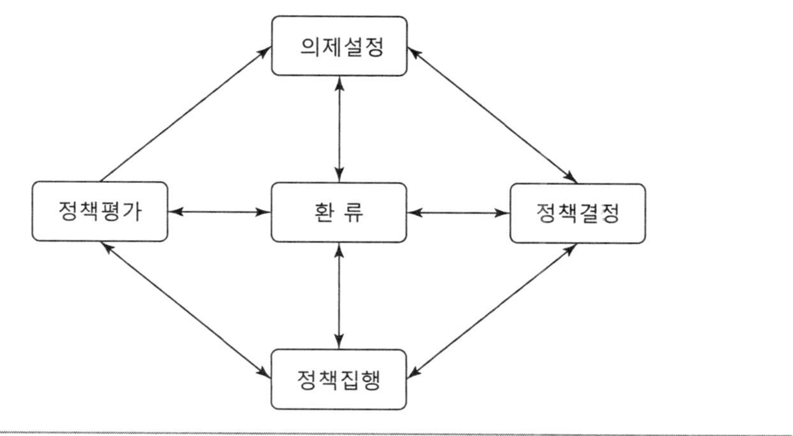

2.2 스마트 거버넌스 체제 구축을 위한 원칙

스마트 거버넌스와 정책과정의 혁신

지금까지 4차 산업혁명으로 인한 스마트 거버넌스로의 진화에 대해 살펴보았다. 4차 산업혁명은 빅데이터를 통하여 시민참여의 혁신을 가져왔으며, 이러한 새로운 형태의 시민참여로 스마트 거버넌스를 설명할 수 있었다. 스마트 거버넌스 대한 논의는 아직까지 많이 이루어지지 않았다. 분명한 것은 스마트 거버넌스가 과거에는 아무 가치가 없던 디지털 발자국을 수집하고 재가공하고 분석하여 정책의제 설정, 정책형성, 정책결정 및 집행, 정책평가로 이루어지는 정책과정에 적용한다는 것이다. 이러한 스마트 거버넌스는 현재 정책과정에서 이루어지는 시민참여의 방식과 수렴방식의 한계를 극복함으로써 오늘날 사회문제 해결의 지능화와 자동화를 가능하게 할 것으로 기대된다.

스마트 거버넌스 개념 및 적용에 대한 연구는 초기단계로 다양한 빅데이터 분석기법을 통하여 스마트 거버넌스의 모습을 구체화하기 위해 노력하고 있다. 정책과정의 각 단계에서 다양한 경로를 통해 시민들의 의견을 수렴하기 위해

그림 2-13 텍스트 마이닝 단계

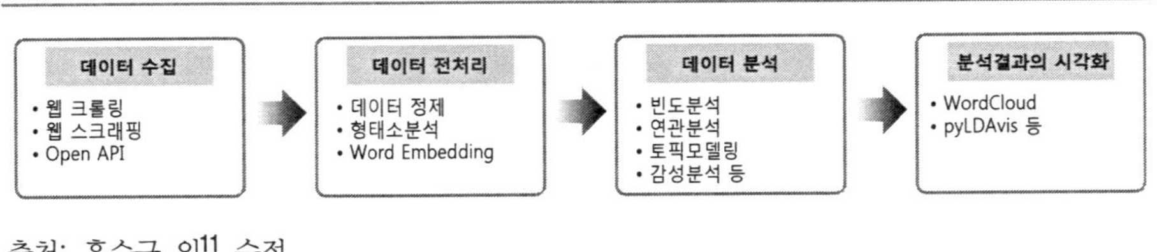

출처: 홍순구 외[11] 수정

노력하는데 기본적으로 시민들이 남긴 비정형 데이터를 분석하여 유용한 의미를 추출하는 데서부터 시작한다. 시민들의 의견은 텍스트로 과거에는 유의미한 데이터로 활용될 수 없었지만 최근에는 텍스트 마이닝과 머신러닝을 중심으로 텍스트와 같은 비정형 데이터를 정형화하여 유의미한 의미를 추출할 수 있게 되었다.

텍스트 마이닝은 비정형 데이터의 한 종류인 언어로 작성된 문서에서 유의미한 정보를 추출해 내는 새로운 텍스트 분석방법으로, 단어를 기본 분석단위로 정하여 문서 내 단어의 출현 빈도, 단어들 사이의 문서 내 동시출현 확률 등을 계산하여 정보를 파악한다.[19] 텍스트를 직접적으로 분석하여 온·오프라인 상에서 의견과 정보를 분석할 수 있다는 점에서 텍스트 마이닝에 대한 관심과 활용은 점차 늘어나고 있는 실정이다. 텍스트 마이닝은 일반적으로 [그림 2-13]과 같이 데이터 수집, 데이터 전처리, 데이터 분석, 분석결과 시각화/정보화 단계를 거치게 되는데, 정책과정 자동화/지능화를 위해서도 다음과 같은 단계가 적용된다.

스마트 거버넌스는 시민들이 남긴 디지털 발자국으로 이루어진 빅데이터를 기반으로 정책과정의 자동화/지능화를 추구하는 것으로, 텍스트 마이닝 분석법은 정책과정의 모든 단계에 적용될 수 있다. [그림 2-14]는 스마트 거버넌스의 정책과정 단계별로 어떤 분석기법들이 활용될 수 있는지 보여주는 것이다. 정책과정은 정책의제 설정, 정책형성, 정책결정 및 집행, 정책평가의 네 단계로

그림 2-14 스마트 거버넌스 정책단계별 분석기법 및 과정

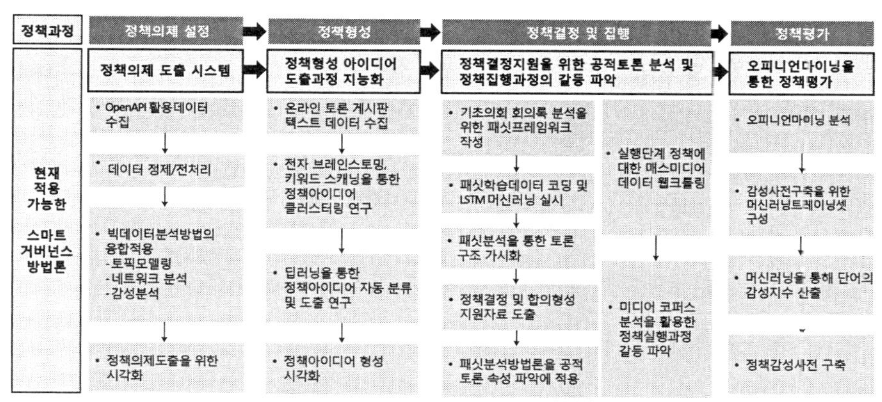

출처: 홍순구 외[11] 수정

구분할 수 있다. 각 단계에서 분석기법에 대한 자세한 설명은 '스마트 거버넌스 시리즈 1-정책과정의 혁신'(유원북스, 2020)에 자세히 나와 있다. 여기서는 간단히 설명하고 넘어가도록 한다.

정책의제 설정 단계에서는 전자민원, 신문기사, SNS, 댓글 등 정책관련 데이터를 웹 크롤링이나 지방자치단체에서 제공하는 공개 API 등을 이용하여 수집한다. 수집된 데이터는 전처리를 통하여 데이터를 정제하여 분석하기 쉬운 형태로 변환한 다음 토픽모델링과 빈도분석을 하여 주제어를 추출하고 관심도가 높은 정책의제를 도출하도록 한다. 이러한 과정을 통하여 여론을 탐색하고 최근의 이슈를 신속하게 도출하여 정책과정에 지능화·자동화된 접근을 가능하게 한다. 이러한 스마트 거버넌스를 통한 이슈의 신속한 파악은 문제가 전개되기 전에 선제적 대응을 가능하게 한다는 점에서 중요하다.

정책형성 단계란 정책목표를 달성할 수 있는 정책수단을 탐색 발굴하여 목표와 수단 간의 연결을 통해 대안을 개발하는 것으로 정책대안들의 우선순위가 결정된다. 이 단계에서 정책대안들을 비교하고 평가하게 되는데 정책결정을 위한 기본적인 예측이 이루어지게 된다. 즉, 대안들로부터 결과에 대한 예측이 중

요하므로 다양한 의견을 수집하는 것이 대안의 우선순위를 정하는 데 도움이 될 수 있다. 그룹의사결정지원시스템 및 대시보드를 기반으로 게시물, 댓글 등을 수집하여 전처리한 다음 전처리된 데이터를 클러스터링과 딥러닝의 자동분류기법을 활용하여 아이디어를 집약하고 수렴한다. 이 과정에서 스마트 거버넌스는 빠른 공감대 형성을 가능하게 해 원활한 참여와 협조를 가능하게 할 수 있다.

정책결정 및 집행 단계에서는 형성된 정책 관련 토론 회의록 등을 수집하여 전처리한다. 그 다음 코퍼스 분석을 통하여 토론내용을 요약하고 패싯분류를 사용하여 토론구조를 가시화한 후 의견수렴 및 합의 형성과정을 거쳐 정책을 결정하고 집행한다. 이러한 분석결과는 앞서의 다양한 소통창구에서의 시민의견 수렴과 함께 정책결정단계에서 정책전문가 및 정치가의 결정에 대해 보다 신뢰를 형성하는 데 중요한 역할을 할 수 있다. 이러한 접근은 아직은 이론적인 것으로 대의민주주의 체제의 현실에서는 스마트 거버넌스의 적용이 가장 힘든 정책단계라 할 수 있다. 그러나 새로운 패러다임의 전환과 함께 이상적인 스마트 거버넌스의 구현을 위해서 지속적인 연구가 필요할 것이다.

마지막으로 정책평가 단계에서는 평가하고자 하는 정책을 선정하여 관련 데이터를 웹 크롤링 등으로 수집한다. 수집된 데이터의 전처리를 통하여 정제한

그림 2-15 스마트 거버넌스의 정책과정 단계별 목적

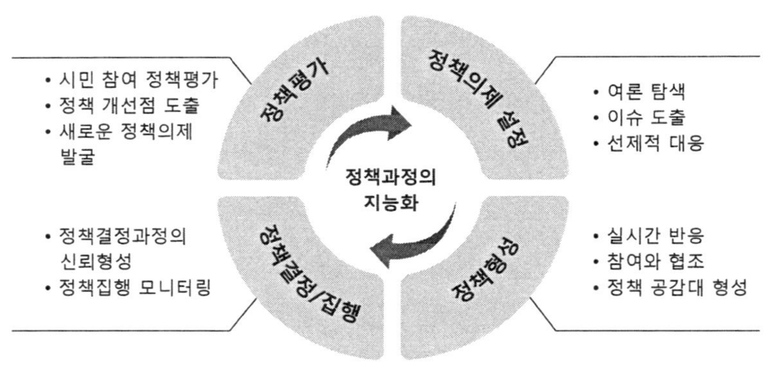

후 감성분석, 토픽모델링 등을 실시하여 신속하게 정책을 평가함으로써 정책의 개선점을 빠르게 찾아 개선할 수 있게 하고 새로운 정책의제를 발굴하는데도 유용하게 활용될 수 있을 것이다. [그림 2-15]는 스마트 거버넌스 각 정책단계별 목적이자 기대효과를 나타낸 것이다.

다양한 데이터 분석법[11]

– 빈도 분석(Keyword Frequency Analysis)

특정 문서집단 내에서 자주 언급되는 주제어를 추출하고 이들이 언급되는 빈도에 따라 중요도를 분석하는 방법이다. TF(단어 빈도, Term Frequency)는 특정한 단어가 문서 내에 얼마나 자주 등장하는지를 나타내는 값으로, 이 값이 높을수록 문서에서 중요하다고 생각할 수 있다.

– 연관어 분석(Association Keyword Analysis)

주제어 빈도 분석을 발전시킨 것으로, 관심 주제어를 포함한 대상 문서에서 함께 언급된 주제어를 추출하여 국민들이 관심 주제어와 어떠한 주제를 연결시켜 생각하는지를 분석한다.

– 토픽모델링(Topic Modeling)

토픽모델링은 텍스트 데이터에서 사용된 주제어들의 동시 사용 패턴을 바탕으로, 해당 텍스트들을 대표하는 특정 주제나 이슈, 주제 그룹들을 자동으로 추출하는 분석기법이다. 이 기법은 개별 문서가 다수의 주제, 즉 토픽(Topic)을 다룰 수 있다고 가정한다. 즉, 수집된 문서 데이터는 이러한 토픽들의 확률적 혼합체로 간주되며, 각 토픽은 추출된 주제어들로 나타낼 수 있다는 것이다. 토픽모델링 기법에는 잠재의미 분석(Latent Semantic Analysis: LSA), 잠재 디리클레 할당(Latent Dirichlet Allccation: LDA)이 있다.

– 네트워크 분석(Social Network Analysis)

네트워크 분석은 SNS 상에서 네트워크를 형성하고 있는 사용자 또는 문서 간의 상관관계를 분석하여 특정 이슈가 어떻게 발현되어 전파되는지를 보여주는 기법이다. 이 기법은 개인을 노드(node), 개인의 사회적 관계를 링크(link)로 간주하여 사회 네트워크를 구하고, 사회 네트워크의 연결 구조와 강도를 분석하여 어떤 메시지가 어떤 경로를 통해 전파되는지, 네트워크상에서 입소문의 중심이나 허브(hub) 역할을 하는 영향요소(influencer)는 누구인지 등을 찾는 데 주로 활용된다.

– 분류분석(Classification Analysis)

텍스트 분류란 학습 데이터를 이용하여 분류모델을 구축하고 텍스트를 입력 받아, 어떤 종류의 범주(class)에 속하는지를 구분하는 작업으로 주로 기계학습(Machine Learning) 기술을 사용한다. 이러한 기술에는 Naive Bayes, SVM(Support Vector Machine), Random Forest, Neural Network 등이 있다. 기계학습의 대표적인 방법인 딥러닝은 문서 분류 및 클러스터링, 문서 요약, 웹 마이닝 및 감성분석과 같은 다양한 텍스트 마이닝 문제에 대한 효과적인 해결책으로 부상하고 있다.

– 감성분석(Sentimental Analysis)

사람들의 태도, 의견, 성향과 같은 데이터를 활용하여 특정 주제에 대한 긍정 혹은 부정을 분류하는 것으로, 문서의 주제가 무엇인지 찾아내는 것보다는 문서의 저자가 주제에 대해 가지고 있는 감정을 판별하는 것이다. 이러한 감성분석은 자연어처리(Natural Language Processing: NLP) 분야에서 개인의 감성, 감정 또는 의견을 추출하고 분석하는 연구로 가장 주목받고 있는 분석방법이다.

– 패싯분석(Facet Analysis)

문헌정보학에서 서적을 분류하기 위해 주로 사용되는 기법이다. 패싯(facet)은 사전적인 의미로 깎은 면, 하나의 단면 등의 의미이나 문헌정보학에서 사용되는 패싯 개념은 텍스트가 가진 '전체의 많은 측면 중의 하나의 측면'을 말하며 넓은 의미에서 '개념적인 범주화'이며, 좁은 의미로는 '특정 주제를 구성하는 요소를 일반적인 용어로 구성한 개념의 그룹'을 의미한다. 패싯의 개념을 활용한 텍스트 간 연결구조(ontology)의 생성은 서로 연관되어 있지 않거나 유사하지 않은 개념들을 서로 분리하고, 관련되어 있거나 유사한 개념들은 그룹화시키는 과정에 유용하게 활용될 수 있다.

아직까지는 스마트 거버넌스를 구현해가는 시작 단계로 적용가능한 방법론에 한계가 있지만 각 단계에서 다양한 빅데이터 분석기법을 통해 새로운 형태의 시민의견을 수렴하기 위해 노력하고 있는 것을 확인할 수 있다. 스마트 거버넌스는 시민이 남긴 엄청난 양의 디지털 발자국을 수집하고 과거에는 분석하기 어려웠던 텍스트와 같은 비정형 데이터를 분석함으로써 시민들의 의견을 도출하고 일반적인 사회인식을 정책에 반영할 수 있게 한다. 따라서 앞으로의 스마트 거버넌스 미래는 현재 적용가능한 방법론을 어떻게 개선하고 진화시켜 나갈 것인지가 관건이 될 것이다.

그러나 기술발달에 따른 방법론적인 접근만 이루어진다면 스마트 거버넌스는 절차적 정당성을 확보하기 위한 것이 될 수도 있다. 스마트 거버넌스가 앞으로 나아가야 할 방향성 및 가치에 관한 논의가 함께 이루어져야 진정한 정책과정의 혁신을 가져올 수 있을 것이다.

스마트 거버넌스 특징 및 원칙

우리가 지향해야 하는 스마트 거버넌스는 어떤 모습이어야 할까? 스마트 거버넌스가 가져온 정책과정에서의 시민참여의 혁신을 짚어보고 앞 장에서 살펴본 거버넌스를 구성하는 여러 요소들을 중심으로 앞으로 스마트 거버넌스가 어떠한 원칙들을 가지고 구현되어야 할지 살펴보고자 한다.

우선 참여의 확대는 거버넌스에서 강조하는 '형평성'과 '민주성'을 강화시킨다. 스마트 거버넌스는 정책의제 설정부터 정책형성, 정책결정 및 집행, 그리고 평가단계에 이르는 정책과정에 새로운 형태의 시민참여를 가능하게 하면서 참여 규모의 확대를 이루게 했다. 참여의 확대는 시민사회의 자율성을 신장시키고 민주성을 성숙시킬 수 있는 점에서 큰 의미가 있다. 시민들은 자신의 공동체나 삶에 영향을 미치는 문제에 직접 관여하여 해결책을 도출해 나가는 과정을 통하여 민주시민으로 성숙할 수 있기 때문이다.

그러나 시민의 참여 확대가 무조건 바람직한 방향으로 되는 것은 아니다. '얼마나 많은'보다 우리는 '누가' 참여하는가?의 문제에 대해서 초점을 맞추는 것이 중요하다. 이미 이러한 참여 격차에 관해 관심을 가지고 많은 연구가 이루어지고 있다. 참여의 격차는 형평성의 문제와 직결된다. 블랭크(Blank)[18]는 인터넷 이용자의 사회경제적 지위와 세 가지 유형의 온라인 콘텐츠 사이의 관계를 살펴보았는데, 그 결과 나이, 성별, 교육수준과 같은 사회경제적 지위 변수가 사회적·오락적 콘텐츠와 같은 온라인 참여 활동에는 직접적인 영향을 미치지 않지만 정치적 콘텐츠와 같은 온라인 참여에는 큰 영향을 미치는 것을 규명했다. 즉, 인터넷 이용자의 사회경제적 지위가 정치 분야의 온라인 참여에 영향을 미친다는 사실은, 참여는 이루어지지만 정책과정에서 이해관계를 가진 특정집단의 참여만이 확대되어 의사결정을 주도하게 되는 결과를 낳을 수도 있다는 것이다.[17] 이러한 정책결정이 공동체의 이익과 부합되면 다행이지만 특정집단만의 이익을 반영하게 되면 참여의 형평성은 물론 정책의 정당성까지 훼손될 수 있다. 즉, 참여의 확대는 형평성의 원칙을 고려하여 접근해야 한다.

스마트 거버넌스는 정책의제 설정부터 정책평가에 이르기까지 정책과정 전반에서 SNS를 포함한 다양한 경로에서의 시민들의 광범위한 의견을 수렴하여 정책과정에 환류시킨다. 이때 비의도적이며 일상적인 시민의견까지도 수렴함으로써 참여격차로 인한 형평성의 문제를 해결할 수 있다. 과거 정책과정에서 소외되거나 무관심한 사람들의 의견까지도 반영할 수 있는 가능성을 보여주는 것이다. '얼마나 많은' 참여와 함께 동시에 '다양한' 참여가 이루어질 수 있다는 점에서 스마트 거버넌스는 정책과정에 형평성과 민주성을 강화시킬 수 있다.

다음으로 참여의 확대는 거버넌스의 다양한 요소 중 '효과성'을 강화할 수 있다. 내가 일상에서 남긴 디지털 발자국이 수집되어 정책의제 도출부터 정책형성, 정책결정, 정책평가 등과 같은 정책과정에 새로운 참여형태로 반영되는 것은 민주주의 가치를 추구하는 것이기도 하지만 동시에 이러한 시도가 복잡한 사회문제에 보다 신속하게 대응하여 정책이 디자인되고 동시에 효과적인 정책결과를 가져올 수 있게 하기 때문이다. 참여의 확대는 민주주의 가치를 추구할 뿐만 아니라 효과성 측면에서도 불필요한 공공재의 낭비를 막는 효과가 있는 것이다.

이러한 시민의 참여 확대가 정책의 효과와 밀접한 연관이 있다는 것은 많은 연구를 통해 확인되었다. 샐지와 베라(Salge & Vera)[20]의 연구는 공급자 관점에서는 혁신활동을 많이 하면 할수록 공공서비스 질은 떨어진다는 결과를 보여준다. 즉, 정부가 시민들의 수요를 파악하지 않고 일방적으로 정책 및 공공서비스

그림 2-16 수요자(시민) 지향 공공서비스의 질

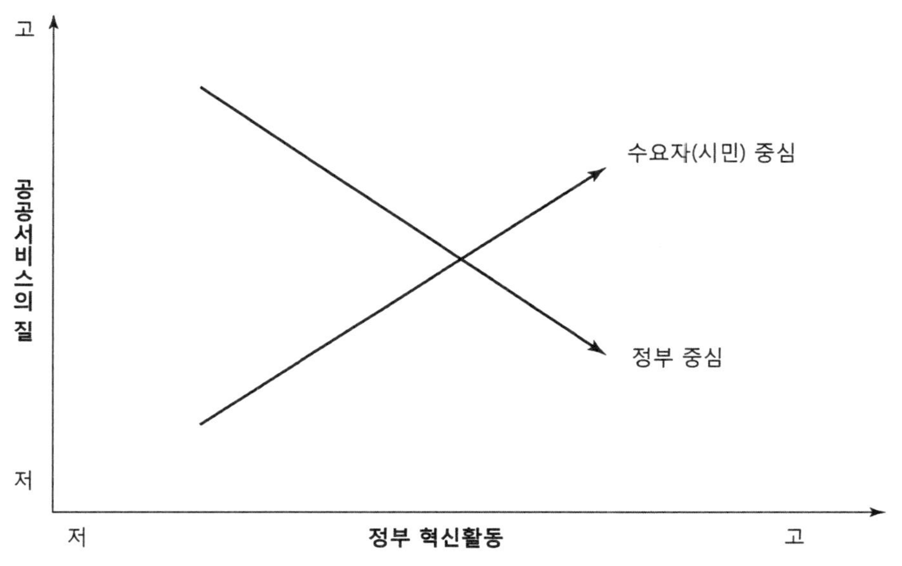

출처: Salge and Vera[20]

를 제공하게 되면 서비스의 질이 하락하게 되고 결과적으로 정책에 대한 만족도도 떨어질 것이다(그림 2-16 참조).

이러한 이유로 최근 딜레마 상황에 있는 다양한 문제를 풀기 위해 정부는 정책 수요자인 이해관계자, 즉 시민들을 파악하기 위해 노력하고 있는 것이다. 시민들이 무엇을, 왜 원하고 있는지를 파악하는 것은 정책의 효과성을 높이는 데 매우 중요한 단계로 스마트 거버넌스는 정책과정에 절대 다수의 시민들의 의견을 반영하는 것으로 매우 적절하다.

그리고 스마트 거버넌스는 사회이슈에 신속하게 반응할 수 있는 '대응성'에서 차별성을 가진다. 스마트 미디어를 사용하는 시민들은 시간 및 공간의 제약을 받지 않고 자신의 의견을 남기고 소통한다. 시민들이 남긴 의견은 실시간으로 빅데이터화되어 텍스트 마이닝 등 다양한 분석방법을 통해 스마트 거버넌스의 자동화 시스템에 의해 정책담당자 및 정치가에게 빠르게 전달될 수 있다. 마찬가지로 정책담당자와 정치가는 원할 때 언제든지 시민들의 여론을 확인하는 것이 가능해짐에 따라 정책과정에 있어 민첩한 대응을 가능하게 한다. 커뮤니케이션에 소요되는 시간이 짧아지면 의사소통은 더욱 원활하게 이루어진다. 즉, 의사소통의 효과성도 증가한다. 스마트 거버넌스를 통하여 시민들의 다양한 의견이 정책과정에 신속하게 전달되고 정부는 이에 대응하여 시민들이 원하는 서비스를 신속하게 제공할 수 있게 됨으로써 정책의 효율성도 증가할 것이다.

오늘날과 같이 복잡하고 빠르게 변화하는 사회에 스마트 거버넌스를 통한 정책과정의 변화는 적절하다. 이러한 지능화·자동화된 시스템이 아닌 직접민주주의를 통한 의사결정은 정책의 효과성 측면에서 바람직할지라도 이를 실시하기 위해서는 많은 비용과 시간이 든다. 스위스는 1년에 4번의 연방투표를 실시하는 데 연간 200억 원의 비용을 소모하고 있으며, 지방자치단체의 투표준비에서 시행까지 1년의 기간이 소요된다고 한다.[21] 물론 직접민주주의를 통한 사유와 토론이 가능해진다는 데 의미가 있기는 하다. 하지만 비용과 시간의 문제를 해결하고 시민의 의견을 신속하게 반영할 수 있는 스마트 거버넌스 체제는 오늘날 긴급하게 결정되어야 하는 정책에 더 좋은 대안이 될 수 있다.

스마트 거버넌스는 시민참여의 혁신을 통하여 거버넌스에서 추구하는 '형평성', '효과성', '대응성 및 즉시성' 등의 원칙들을 더욱 강화시키고 민주주의 발전에 기여한다고 볼 수 있다.

❙ 참고문헌

1. 류석진 외(2011), 스마트-소셜 시대의 민주주의와 거버넌스, 서울: 정보통신정책연구원.
2. Spivack, N.(2007), How the WebOS Evolves?, Minding the Planet(9th February ed.), Available from 〈http://novaspivack.typepad.com/nova_spivacks_weblog/2007/02/steps_towards_a.html〉.
3. Pew Research(2019), Our favorite data visualizations of 2019(www.pewresearch.org).
4. 공영일(2010), "스마트폰의 함의와 시사점", 방송통신정책, 22(4), 1-22.
5. 심미선 · 김은미(2011), 스마트미디어 서비스 이용실태 조사, 방송통신위원회.
6. 최재붕(2019), 포노 사피엔스: 스마트폰이 낳은 신인류, 쌤앤파커스.
7. 정용찬(2017), 4차 산업혁명 시대의 데이터 경제활성화 전략, 《KISDI Premium Report》, 17-06.
8. IDC(2017), IDC FutureScape(www.idc.com).
9. 최문봉(2011), "스마트 용어의 적용사례 분석을 통한 '스마트시티'의 개념정립을 위한 연구," 「한국콘텐츠학회논문지」, 11(12).
10. Walravens, Nils(2012), "Mobile Business and the Smart City: Developing a Business Model Framework to Include Public Design Parameters for Mobile City Services," *Journal of Theoretical and Applied Electronic Commerce Research*, 7(3), 121-135.
11. 홍순구 외(2020), 스마트 거버넌스: 정책과정의 혁신, 유원북스.
12. Gibson, R. & M. Cantijoch(2013), "Conceptualizing and measuring participation in the age of the internet: Is online political engagement really different to offline?," *The Journal of Politics*, 75(03).
13. Lutz, C., C. P. Hoffmann, & M. Meckel(2014), "Beyond just politics: A systematic literature review of online participation," *First Monday*, 19(7).
14. 류재성 외(2014), "다매체, 다채널 미디어 환경에서의 정치커뮤니케이션 변화 연구," 국회입법조사처 연구용역보고서.
15. Vitak, J., P. Zube, A. Smock, C. T. Carr, N. Ellison, & C. Lampe(2011), "It's Complicated: Facebook Users' Political Participation in the 2008 Election," *Cyberpsychology, Behavior, and Social Networking*, 14(3).
16. Rojas, H. & E. Puig-i-Abril(2009), "Mobilizers Mobilized: Information, Expression, Mobilization and Participation in the Digital Age," *Journal of Computer-Mediated Communication*, 14(4).
17. Curry, Nigel(2001), "Community Participation and Rural Policy: Representativeness in the Development of Millennium Greens," *Journal of Environmental Planning and Management*, 44(4).

18. Blank, G.(2013), "Who creates content? Stratification and content creation on the Internet," *Information, Communication & Society*, 16(4).
19. 김재봉 · 김형중(2017), "주가지수 방향성 예측을 위한 도메인 맞춤형 감성사전 구축 방안,"「한국디지털콘텐츠학회 논문지」, 18(3), 585-592.
20. Salge, T. O. & A. Vera(2012), "Benefiting from Public Sector Innovation: The Moderating Role of Customer and Learning Orientation," *Public Administration Review*, 72(4).
21. 장준호(2008), "스위스 연방의 직접민주주의,"「국제정치논총」, 48(4), 237-262; 홍순구 외(2020), 스마트 거버넌스: 정책과정의 혁신, 유원북스 재인용.

제3장

스마트 거버넌스의 적용

스마트 거버넌스는 정책의제 설정, 정책형성, 정책결정 및 집행, 정책평가로 이어지는 정책과정의 지능화·자동화를 추구하며 시민들의 의사 표출과 집약능력을 비약시키기 위한 방법론을 중심으로 접근한다.[1] 이러한 새로운 시민참여를 기반으로 한 스마트 거버넌스에 관한 연구는 다양한 분석방법을 통하여 활발히 진행되고 있다.

본 장에서는 최근에 이슈가 되고 있는 실제 사례들을 통하여 문제 해결 및 정책과정에서 어떻게 새로운 형태의 시민참여를 가능하게 하고 궁극적으로 정책과정의 자동화·지능화를 추구하는지 스마트 거버넌스 관점에서 살펴본다.

1. 스마트 거버넌스의 적용 사례

1.1 경기지역화폐 사례[2]

연구목적

지역화폐란 특정지역에서만 사용이 가능한 화폐로 최근 들어 지역경제를 살리기 위해 도입했거나 도입을 검토하는 지자체가 늘고 있다. 이러한 지역화폐는 자본주의 시장경제의 대안으로 나온 '대안화폐'로 만들어졌다. 일반적인 화폐와 다른 차원의 거래시스템을 지역경제에 도입함으로써 인플레이션, 디플레이션 등과 같은 화폐경제의 부작용을 완화하고자 하기 때문이다.[3] 지역화폐는 지역 내 전통시장이나 소상공인 점포에서 현금처럼 사용되며, 지역 밖으로는 유출되지 않는 것이 가장 큰 특징이다.

우리나라에서는 지자체가 행정구역 내에서 소비를 촉진해 지역경제를 활성화하는 상품권이나 할인쿠폰의 개념으로 지역화폐가 확산되었고, 점차 신용카드나 모바일 앱 등 다양한 형태로 발전하고 있다. 2015년 892억 원에 그쳤던 지역화폐 발행액은 지난해 3천 714억 원으로 늘었고, 2020년에는 2조 원까지 늘어날 전망이다. 현재 지역화폐를 발행 중인 지자체는 70여 곳이며, 2020년에는 120여 곳에 달할 것으로 예상된다. 이는 전국 243개 광역·기초자치단체의 절반 가량에 해당한다. 가장 활성화된 곳은 종이·카드·모바일 등 다양한 형태의 지역화폐를 발행하는 경기도이다. 성남·시흥·안양·가평 등 31개 시·군에서 2019년에만 4천 962억 원 규모를 발행하며 2019년 상반기부터는 아동수당·청년배당·산후조리비 등의 각종 복지수당도 지역화폐로 지급하였다. 경기도는 지자체 중에서 지역화폐 사용자가 가장 많다. 경기도에서 발행되는 모든 형태의 지역화폐를 '경기지역화폐'라 이른다.

지역화폐는 경기지역 경제 활성화를 위해 도입된 것으로 주민들이 적극적으로 지역화폐를 사용하는 것이 가장 중요하다. 지자체는 지역화폐를 발급하고 운영하는 주최자로서 지속적인 모니터링을 통해 문제점들을 발견하고 개선사항을 반영함으로써 지역화폐 사용이 지속적으로 유지되고 활성화될 수 있도록 하는 것이 필요하다. 따라서 현재 시행 중인 지역화폐 정책을 평가하여 피드백하는 것은 매우 중요하다.

연구방법: 자료수집

지역화폐제도는 지역화폐 사용량 및 발행액의 증가와 지역경제에 끼치는 영향 등의 결과를 통하여 성공적으로 진행되고 있다고 평가할 수 있다. 하지만 지역화폐를 시민들이 지속적으로 사용하지 않는다면 긍정적으로 작용했던 경제효과가 다시 처음으로 돌아가는 문제가 발생할 수도 있다. 따라서 계속적인 지역화폐 활성화를 위해서는 꾸준히 시민들의 의견을 수렴하여 제도 개선에 반영하는 것이 필요하다.

과거 시민들의 의견을 듣기 위해서는 설문조사, 여론조사 등의 방법을 사용하였는데 이러한 방식은 많은 시간과 비용이 들고 소수의 시민만이 참여한다는 한계를 가지고 있었다. 지역화폐와 같이 시민들의 역할이 중요한 정책의 경우 다수의 의견을 듣는 것이 무엇보다 중요하다. SNS는 시민들의 의견이 자유롭고 다양하게 표출되는 공간으로 SNS에서 나타나는 시민들의 의견을 수집한다면 많은 시간과 비용을 절약할 수 있을 뿐만 아니라 직접적으로 의사를 표출하지 않지만 실제 지역화폐를 사용하고 있거나 사용하고자 하는 시민들의 진솔한 의견 및 생각을 얻을 수 있을 것으로 기대된다.

해당 연구에는 SNS 중에서 네이버 카페글을 이용하였다. 다양한 SNS 채널이 존재하지만 특정지역에서만 사용되는 지역화폐에 관해서는 특정 지역의 인터넷 카페에서 정보가 많이 공유되고 있기 때문이다. 연구자는 2019년 1월 1일부터 2020년 2월 28일까지 "경기지역화폐"가 언급된 모든 카페글을 크롤링하였다. 최종적으로 5,108개의 카페글을 수집하였다. 수집된 카페글 중 신문 기사와 지자체의 홍보글을 그대로 옮긴 글들은 삭제하여 총 971개의 카페글을 분석에 사용하였다.

분석방법 및 결과

SNS를 통해 수집된 시민들의 의견을 분석하기 위해서는 텍스트 마이닝 방법을 통해 의미있는 정보를 추출해야 한다. 텍스트 마이닝(Text mining)은 대규모의 텍스트 자료로부터 유의미한 정보를 추출하는 데이터 마이닝(data mining)의 한 종류이다. 일정 양식과 형태가 갖추어져 있는 정형 데이터를 다루는 것이 아니라 텍스트, 사진, 동영상 등의 비정형 데이터를 다룬다는 점에서 그 중요성이 높아지고 있다. 빅데이터의 데이터 대부분은 비정형 데이터이기 때문이다. 텍스트 마이닝은 비정형 데이터 중에서도 텍스트 데이터를 바탕으로 유의미한 정보

그림 3-1 경기지역화폐 분석 및 평가방법

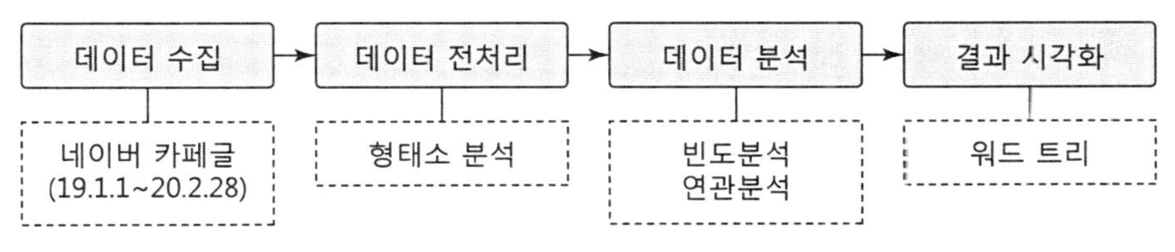

를 찾아낸다. 텍스트 마이닝은 설문조사, 여론조사 등 시민의 의견정보를 수집하는 데 필요한 시간과 경제적 비용을 획기적으로 줄일 수 있는 방법으로 정책이나 제도의 평가 과정에서 사용되고 있다.

해당 연구에서는 카페글을 수집하여 텍스트마이닝을 실시했다. 2019년 1월 1일부터 2020년 2월 28일까지 "경기지역화폐"가 언급된 모든 카페글을 크롤링하여, 최종적으로 5,108개의 카페글을 수집하였고 총 971개의 카페글을 분석에 사용하였다. 그리고 많이 쓰인 단어들과 중요단어를 추출하기 위하여 빈도분석과 TF-IDF 분석을 진행하였다. 크롤링한 데이터를 형태소 단위로 쪼개어 각 단어의 빈도수를 추출하였다. 그 결과 카페글의 경우에는 "카드신청, 인센티브, 가맹점"등과 같이 지역화폐의 실사용과 관련된 단어들의 빈도와 TF-IDF 값이

표 3-1 빈도분석 및 TF-IDF 결과

Online cafe	Freq	TF-IDF
Card application	572	391.701
Incentive	313	587.779
Benefits	249	443.144
Franchisee	228	461.203
Postpartum care cost	177	371.531
Sale	173	386.972
Income deduction	159	346.869
Where to use	136	293.799
Available	122	263.555
Policy	106	286.924
Regional economy	94	241.677
Parturition	92	228.165
Supermarket	78	189.049
Postpartum care	65	211.148
Small business	62	174.985
Youth dividends	57	161.369
Department store	54	151.316
Traditional market	49	156.202
Hospital	48	151.623
Postpartum care center	41	144.98

높은 것으로 나타났다(표 3-1 참조).

각 매체의 상위 빈도 20개 단어 간의 연관 관계를 살펴보기 위해 heatmap으로 시각화했다. heatmap은 각 단어들이 얼마나 자주 함께 쓰이는지를 한눈에 살펴보기에 적합한 시각화 함수이다. heatmap 안의 값은 각 단어 간의 자카드 유사도 값이다. 자카드 유사도는 두 집합 사이의 겹치는 정도를 나타낸다. 두 데이터의 교집합의 크기를 합집합의 크기로 나눈 계수이다. 두 집합이 동일한 값이면 1이 나오고, 전혀 다르면 0의 값이 나타난다. 두 항목이 겹치는 부분의 절대량만을 고려하는 것이 아닌, 공통부분이 얼마나 많은지를 고려하여 상대적인 값을 유사도로 나타낸다. 따라서 자카드 유사도를 통해서 단어들이 얼마나 동시에 출현하는지 확인할 수 있다. 분석결과는 [그림 3-2]와 같다.

그림 3-2 연관분석 결과

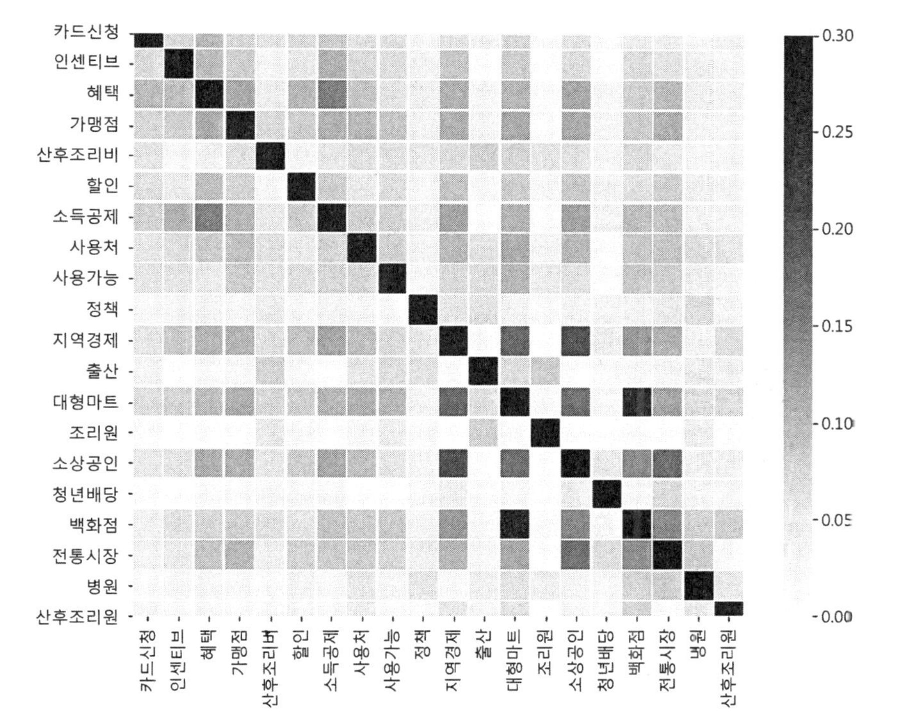

각 매체의 상위 빈도 20개를 골라 단어들의 전후로 어떤 단어들이 연속적으로 출현했는지 확인하기 위하여 워드 트리로 시각화하였다. 분석결과는 [그림 3-3]과 같다. 분석결과 “소득공제-혜택-제공”, “인센티브-제공”, “인센티브-지급”, “혜택-제공” 등 사용혜택과 관련된 단어들이 함께 출현하고 “경기지역화폐-사용처”, “가맹점-확인”, “슈퍼마켓-유흥업소”, “대형마트-기업형”, “대형마트-백화점” 등 실제 사용처에 관련된 단어들이 함께 출현하여 혜택과 사용처에 관련된 내용을 궁금해함을 확인할 수 있다.

SNS에서는 시민들의 의견은 지역화폐의 실사용과 관련된 내용 위주로 작성되어 있다. 분석결과 SNS는 실제 시민들이 사용하는 과정에서 궁금한 내용들과 세부적인 혜택에 관련된 질문과 답변 글이 많았다. 워드 트리 시각화도 마찬가지로 시민들이 지역화폐의 혜택과 사용처에 관련된 내용을 궁금해함을 확인할 수 있다.

그림 3-3 워드 트리

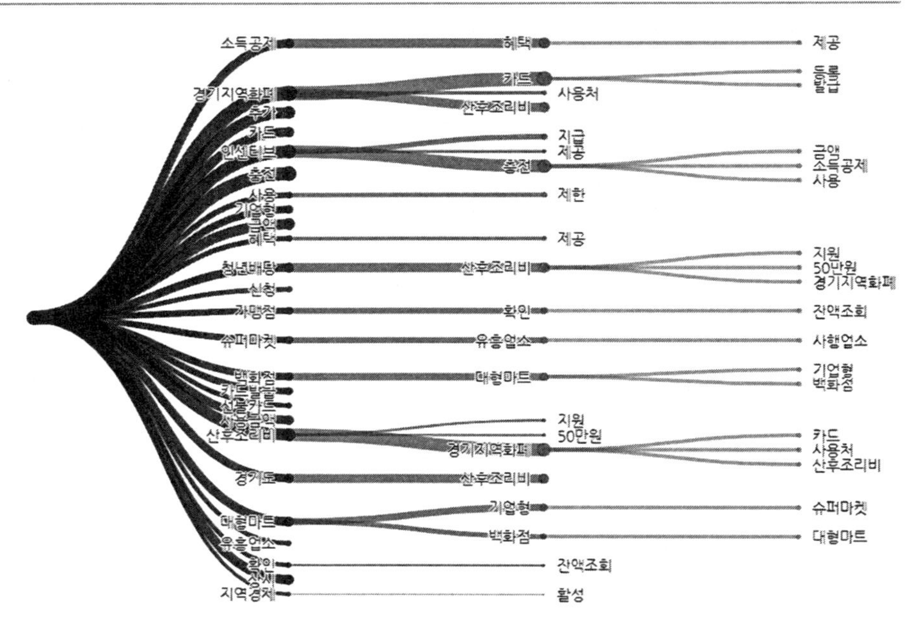

스마트 거버넌스에 시사점: 정책평가의 피드백

본 사례연구에서는 여러 텍스트 마이닝 기법을 사용하여, 시행 중인 지역화폐 정책과 제도에 대한 시민의견을 SNS를 통해 모니터링하고 다음과 같은 결과를 도출하였다. 지자체는 가맹점에 대한 소비자의 접근성 향상을 위해 더욱 노력해야 한다는 점에 주목하여, 지역화폐 제도가 지속적으로 활성화되려면 지자체와 지역상권이 잘 협조하여, 보다 쉬운 가맹점 검색기능을 제공하고 상가의 가맹점표시 스티커 부착, 지역화폐 사용가능처 광고 등을 통하여 소비자의 접근성을 향상시킬 필요가 있다.

그림 3-4 스마트 거버넌스를 통한 정책평가 및 환류

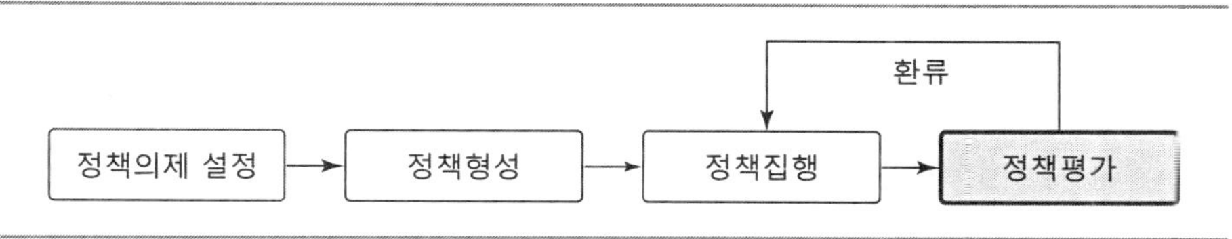

이러한 정책에 대한 지속적인 시민의견 모니터링은 시행되고 있는 정책의 제도 개선을 가능하게 하여 정책 본연의 목적 추구를 가능하게 할 것이다. 또한 해당 연구는 온라인 카페글의 시민들의 의견을 반영함으로써 시민들은 과거와 같은 전통적인 참여를 해야 하는 수고스러움이 필요가 없었다. 즉, 정책평가의 지능화와 자동화에 대한 가능성을 보여준다 할 것이다.

1.2 코로나19 대응 마스크 5부제 사례[4]

연구목적

정책의제 설정 과정에는 다양한 이해관계자들이 존재함에 따라 이러한 이해관계자들의 각기 다른 의견을 효과적으로 수렴하고 정책에 반영하기 위하여 대중의 여론, 즉 공중의제를 파악하는 것은 필수적이다. 사회적 이슈가 여론에 의해서 정책에 반영되는 과정을 살펴보면 언론에 보도된 이슈가 대중의 관심을 이끌어내고, 이러한 대중의 관심은 미디어 의제화되어 공중의제로 발전된다. 여기서 대중의 관심이 이슈에 계속 집중되면 그 이슈는 공중의제에서 정부의제로 한 단계 더 진화한다. 이때 사회적 이슈에 대한 대중의 관심은 소셜 미디어를 활용하여 참여자들의 의견을 분석함으로써 파악할 수 있다. 새로운 정책을 수립하는 경우와 정책에 대한 평가 및 모니터링의 과정에서 여론 파악을 위한 소셜 미디어의 활용 가능성을 탐색할 필요가 있다. 소셜 미디어는 대중의 의견수렴 및 발산이 가능한 도구이므로 정책의제 설정, 정책집행, 정책평가 등의 정책과정 단계에서 활용이 가능하다. 정책의제 설정에서는 소셜 미디어 상에서 다양하게 제시되는 의견의 수집 및 분석을 통해 의제발굴에 반영될 수 있다.

본 연구는 마스크 5부제에 대한 온라인 뉴스와 소셜 미디어 텍스트의 실증분석을 통해 두 매체 간 의제 차이를 비교하고자 한다. 전통적 미디어인 뉴스와 인터넷 발달에 따른 온라인 사회참여로 활성화된 소셜 미디어를 통한 공중의 의제설정을 살펴본다. 기존의 연구에서는 전통적 미디어인 언론, 즉 매스 미디어만을 대상으로 미디어 의제를 파악하였으며 정책의제 설정의 관점에서 매스 미디어와 소셜 미디어 역할의 차이를 살펴본 연구는 찾아보기 힘들다. 한편, 본 연구는 이러한 기존의 매스 미디어 의제뿐만 아니라 더 나아가 디지털 트랜스포메이션 시대라는 사회적 현상에 따라 온라인 상에서 활발해진 공중의 사회참여를 기반으로 새로운 의제설정의 기능을 가지게 된 소셜 미디어 의제도 분석하였다.

마스크 5부제에 대한 공중의제 파악을 위해 소셜 미디어 텍스트 분석을 통해 코로나19 바이러스 사태에서 마스크 5부제 관련 키워드를 선정하고, 소셜 미디어로서 네이버와 다음카페를 대상으로 선정한 키워드가 포함된 문서를 수집하였다. 수집된 문서의 데이터 전처리 과정을 거쳐 주요 키워드를 알아보고 이를 기반으로 문서의 주제를 분류하여 마스크 5부제에 대한 공중의제를 알아보았다.

연구방법: 자료수집

본 연구에서는 비정형 데이터의 정형화를 위하여 텍스트 데이터 처리 소프트웨어인 Netminer 4를 이용하여 텍스트 분석을 수행하였다. 먼저, 수집된 뉴스 기사와 카페글의 분석을 위해 전처리 과정을 거쳐야 한다. 전처리 과정은 텍스트 데이터를 분석에 적합한 형태로 정제하는 과정으로, 텍스트 마이닝 중 가장 많은 시간이 소요된다.

첫째, 넷마이너 소프트웨어의 사용자 사전 기능을 활용하여 '앱'과 '어플', '코로나19', '코로나', '우한폐렴'과 같은 단어는 동의어 처리하였으며, '공적 마스크'와 '공적마스크', '마스크 5부제'와 '마스크5부제' 등 같은 단어지만 띄어쓰기의 차이가 있는 단어는 모두 한 단어로 정리하였다. 둘째, 언론사명, 기자명 등 분석에 불필요한 단어도 제외어 처리하였다. 마지막으로 본 연구의 특성에 비추어 볼 때 특정 단어인 '코로나19'와 '공적 마스크'는 모든 문서가 공통으로 포함하고 있으므로 토픽을 추출하는 데 차별적 정보를 제공하지 않는다고 판단하여 제거하였다. 이와 같은 전처리 과정을 마친 후, 추출된 명사에 대한 단어 빈도(Term Frequency)분석을 실시하였다. 빈도분석 후 워드 클라우드로 결과를 시각화하였으며, 단어 빈도를 기반으로 LDA(Latent Dirichlet Allocation) 토픽모델링 분석을 수행하였다.

텍스트 마이닝은 언어로 작성된 많은 양의 문서에서 유의미한 정보를 추출하는 방법이다. 토픽모델링은 텍스트 마이닝 기법 중 하나로 단어의 동시출현 정보를 바탕으로 텍스트 집합을 가장 잘 표현하는 주제를 추출하여 복잡한 문서

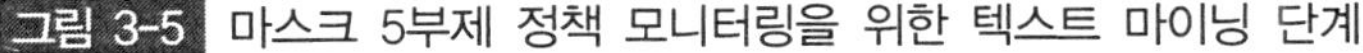
그림 3-5 마스크 5부제 정책 모니터링을 위한 텍스트 마이닝 단계

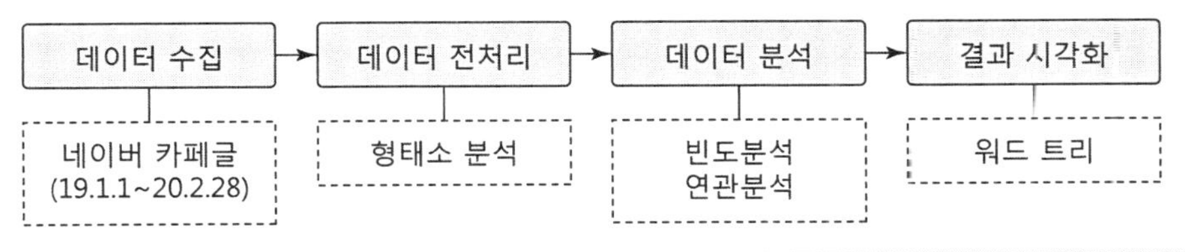

를 토픽별로 파악할 수 있는 방법이다. 다시 말해, 토픽모델링은 문서를 구성하고 있는 단어들로부터 의미를 추출하여 문서의 주제를 자동으로 파악하는 방법을 의미한다. 토픽모델링 중 대표적인 알고리즘인 LDA 토픽모델링을 적용하여 분석을 수행하였다.

▒ 분석방법 및 결과

형태소 분석을 통해 추출된 명사로 전체 문서에서의 단어 빈도를 알아보았다. 〈표 3-2〉는 빈도수 상위 30개의 단어이다. [그림 3-6]은 뉴스와 카페글의 상위 100단어의 빈도를 바탕으로 이를 시각화한 것이다. 워드 클라우드는 단어의 빈도 수에 따라 문자의 크기를 결정함으로써 텍스트에서 해당 키워드의 빈도를 직관적으로 보여줄 수 있도록 한 것이 특징이다. 뉴스 기사와 카페글에서 공통적으로 많이 언급된 단어는 '약국', '구매', '판매'이다. 뉴스 기사 단어 빈도를 살펴보면, '정부', '확진', '지역', '상황', '공급'과 같은 단어의 빈도가 높게 나타났음을 알 수 있다. 반면, 카페글 빈도분석 결과를 보면 '사람', '집', '생각', '시간', '아이'와 같이 뉴스 기사에서 나타난 단어가 정보성인 것에 비해 개인적 차원의 단어들이 주로 나타났다.

마스크 5부제에 대한 매스 미디어 의제를 파악하기 위하여 네이버 뉴스 2,096건을 분석하였다. 연구방법에서 설명한 바와 같이 데이터 수집과 전처리 과정을 거쳐 LDA 토픽모델링 기법으로 뉴스 기사의 주제를 추출하였다(표 3-3). 토픽의 수는 연구의 목표를 고려하여 연구자가 해석에 가장 용이한 수로 결정할 수 있다. 뉴스 기사의 토픽 수를 정하기 위하여 5에서 15 사이의 수를 대입하여 테스트 후, 토픽의 수를 9개로 지정하고 Zhao et al.[5]과 Lu et al.[6]의 연구를 바탕으로 반복횟수(iteration) = 1000, $\alpha = 0.1$, $\beta = 0.01$로 설정하여 토픽모델링을 수행하였다. 또한 뉴스 기사 토픽과의 비교를 위하여 카페글에서도 9개의 토픽을 추출하였다(표 3-4).

〈표 3-3〉, 〈표 3-4〉의 토픽 번호는 토픽의 수를 나타내는 것이며, 문서 수는

표 3-2 빈도수 상위 30개 단어

뉴스 기사		카페글	
단 어	빈도 수	단 어	빈도 수
약국	5,966	약국	1,907
구매	4,186	구매	1,588
정부	3,938	판매	984
판매	3,610	사람	843
지원	2,695	집	708
확진	2,416	생각	700
지역	2,398	구입	667
상황	2,384	시간	644
공급	2,312	가능	582
마스크 5부제	2,300	정부	573
서울	2,189	필요	536
관련	1,897	아이	534
시민	1,887	일	504
국민	1,862	사용	496
정보	1,854	정보	493
확인	1,775	앱	484
사람	1,747	확진	459
시행	1,738	상황	453
주민	1,729	정도	448
제공	1,716	확인	440
확산	1,684	가격	435
감염	1,682	재고	433
방역	1,652	바이러스	433
업체	1,649	오늘	419
바이러스	1,639	줄	418
경제	1,627	마스크 5부제	416
서비스	1,590	곳	399
필요	1,545	필터	374
시간	1,512	사태	368
센터	1,447	날	361

그림 3-6 뉴스 기사와 카페글 워드 클라우드

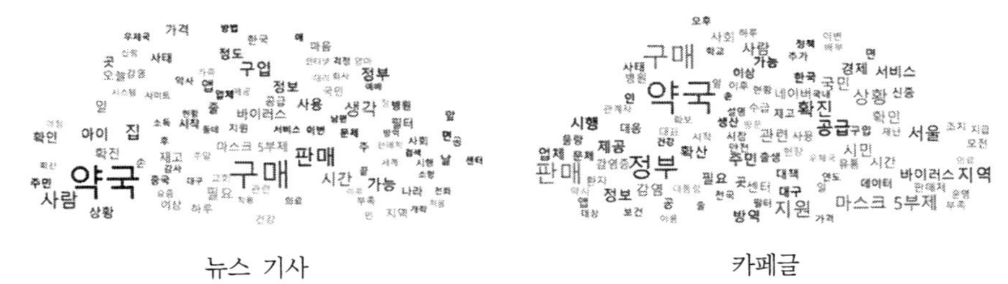

뉴스 기사 카페글

표 3-3 뉴스 기사의 토픽

토픽 번호	1	2	3	4	5	6	7	8	9
문서수	209	207	416	155	376	168	229	131	205
토픽 레이블	감 염	마스크 공급	마스크 지원	마스크 사기	마스크 5부제	사회 운동	마스크 재고 정보	정 부	긴급 재난 대책
키워드 1	확진	업체	지원	판매	약국	사람	정보	국민	지원
키워드 2	감염	정부	지역	경찰	구매	사용	서비스	정부	학교
키워드 3	병원	공급	배부	서울	마스크 5부제	필요	제공	민주당	개학
키워드 4	환자	생산	센터	신고	판매	손	앱	보도	대책
키워드 5	대구	유통	주민	사기	시행	상황	재고	대표	정부
키워드 6	방역	물량	취약 계층	유통	주민	온라인	데이터	경제	추경
키워드 7	집단	지오영	면	수사	출생	정도	현황	정책	방역
키워드 8	센터	필터	제작	관련	시간	사회	약국	정치	장관
키워드 9	지역	가격	전달	업체	약사	바이러스	개발	통합	지급
키워드 10	교회	가짜	시민	구매	연도	운동	판매	후보	상황

표 3-4 카페글의 토픽

토픽 번호	1	2	3	4	5	6	7	8	9
문서수	162	86	95	70	319	193	612	198	105
토픽 레이블	마스크 사용	마스크 지원	집단 감염 (교회)	개학 연기	마스크 구입	마스크 재고 정보	대리 구매	마스크 5부제	마스크 공급
키워드 1	사용	지원	사람	개학	약국	앱	집	구매	정부
키워드 2	필터	지역	교회	학교	시간	정보	아이	마스크 5부제	가격
키워드 3	면	사회	나라	법	줄	재고	애	구입	판매
키워드 4	바이러스	병원	한국	연기	사람	약국	엄마	약국	공급
키워드 5	소독	의료	예배	방법	약사	판매	구입	가능	업체
키워드 6	손	필요	생각	공무원	앞	확인	신랑	주민	국민
키워드 7	착용	센터	확진	공부	판매	서비스	날	판매	유통
키워드 8	정도	복지	감염	무료	생각	사이트	남편	대리	물량
키워드 9	생각	경제	상황	상담	일	현황	소형	끝	생산
키워드 10	제품	기부	세계	자녀	정도	네이버	가족	자리	부족

각 토픽이 속하는 문서의 개수를 나타낸 것이다. 토픽 레이블은 연구자가 각 토픽 내에 속한 키워드들을 검토하여 지정할 수 있다. 토픽 레이블을 정할 시에 주의할 점은 같은 키워드라도 여러 토픽에 속할 수 있고 이 경우 각 토픽별로 키워드의 중요도는 서로 다를 수 있으므로, 토픽 내의 다른 키워드들과의 조합을 통해 토픽의 의미를 정하여야 한다. 키워드 1에서 10은 가장 확률값이 높은 키워드가 상단에 위치하고 있다. 예를 들어, 토픽 7은 '정보', '서비스', '제공' 등의 순으로 토픽 7의 주제를 가장 잘 나타내는 단어라고 할 수 있다.

〈표 3-3〉의 뉴스 토픽을 살펴보면 9개의 토픽 중 토픽 3: 마스크 지원 토픽이 전체 문서에서 가장 많은 비중을 차지하고 있음을 알 수 있다. 토픽 3에 이어서 토픽 5: 마스크 5부제에 관련 내용이 많았으며, 다음으로 토픽 7: 마스크 재고정보 순으로 나타났다. 토픽 1: 감염, 토픽 2: 마스크 공급, 토픽 9: 긴급재난대책은 비슷한 비율로 분포되어 있다. 뉴스 기사 토픽의 특징으로 추출된 9개 토픽은 마스크 5부제 관련 사회현상을 반영하고 있다. 코로나19 사태에 대한 현재 감염상황, 사회운동, 정부정책, 마스크 유통과정에서 일어난 마스크 사기와 같은 내용을 통해 마스크 5부제에 대한 정보 전달의 기능을 주로 하고 있는 것으로 나타났다.

〈표 3-4〉의 카페글 토픽을 살펴보면 토픽 7: 대리 구매에 대한 내용이 압도적으로 많았으며, 토픽 5: 마스크 구입, 토픽 8: 마스크 5부제, 토픽 6: 마스크 재고정보의 순으로 비중이 높았다. 카페글은 앞서 분석한 뉴스 기사에 비해 실생활과 연관되어 있는 내용이 주를 이루었다. 마스크 대리구매, 마스크 구입과 같이 마스크 실 구입에 관한 내용이 압도적으로 많았다. 또한 뉴스 기사 토픽에서는 볼 수 없었던 개학 연기, 마스크 사용에 대한 내용이 나타나 카페글도 정보전달의 기능을 수행하고 있으나 1인 미디어라는 소셜 미디어의 성격이 반영되어 개인의 의견, 감정, 정보 교류의 측면이 강화되었다고 볼 수 있다.

스마트 거버넌스에 시사점: 이슈의 파악 및 의제설정

본 연구는 코로나19 사태로 인하여 이슈로 떠오른 마스크 5부제에 대한 매스미디어와 소셜 미디어의 의제를 분석하였다. 두 미디어의 분석을 위해 뉴스 기사와 카페글을 수집하였고, 텍스트 마이닝을 활용하여 단어 빈도분석, 워드 클라우드, LDA 토픽모델링 분석을 수행하였다. 텍스트 마이닝 결과를 통해 매스미디어와 소셜 미디어 의제는 상이한 특성을 지니고 있음을 알 수 있었다.

연구결과를 바탕으로 다음과 같은 시사점을 도출할 수 있다. 대용량 텍스트 문서 분석을 위한 자동화된 의제도출 방법을 적용하여 분석을 보다 효율적이고

객관적으로 수행하였다. 다양한 텍스트 마이닝 방법을 적용하여 연구자의 주관을 배제하고 보다 객관적인 연구 결과를 제공하였다. 본 연구에서 사용된 연구 방법의 적용으로 비정형 텍스트 데이터로 구성된 언론과 소셜 미디어의 범위를 확대하여 더욱 다양한 데이터 수집을 통해 소셜 미디어 매체별 의제 분석 등 다양한 분석을 수행할 수 있다.

또한 전통적 미디어인 매스 미디어를 대표하는 뉴스 기사와 소셜 미디어인 카페글의 분석을 통해 언론과 대중이 코로나19 사태로 인한 마스크 5부제에 대하여 어떻게 반응하는지를 살펴보고 그 차이점을 알아봄으로써 매스 미디어와 소셜 미디어를 비교한 연구를 진행하였다. 다양한 미디어 분석을 통해 사회이슈가 공중의제화되고, 정부의제로 진화하는 정책의제 설정 과정에서 참고자료로 활용될 수 있다.

1.3 서울시 공공자전거 '따릉이'[7]

연구목적

2015년 10월 본격 운영을 시작한 서울 공공자전거 서비스 '따릉이'는 매년 이용자가 약 2배 이상씩 증가하고 있다. 2019년에는 하루 평균 5만 1,929명이 이용해 전년대비 이용자가 88% 급증했고 57만 명이 새롭게 따릉이 회원으로 가입했으며 서울시 대표적인 공공서비스 중의 하나이다. 국내에서 공공자전거 시스템이 창원시에서 처음 도입되어 운영되기 시작하였는데 , 2000년대 후반부터 공공자전거시스템을 활용하는 고객을 대상으로 이용만족도 연구들이 다양하게 실시되었지만 통계분석을 실시한 양적 연구가 주로 실시되어 실시간으로 대량으로 생산되는 이용자들의 불만이나 요구사항을 분석하는 데는 어려움이 있었다. 이러한 정량적 평가방법의 한계점을 극복하기 위해 서울시 공공자전거 서비스인 따릉이를 이용한 사람들의 SNS에서 발생하는 실제 리뷰 텍스트 데이터를 이용하여 반응을 살펴보았다.

▪ 연구방법: 자료수집

본 연구에서는 따릉이 이용자들을 대상으로 서비스 만족도와 개선점을 제시하기 위해 온라인상의 이용자 리뷰를 수집하여 감성분석 등 다양한 분석기법을 활용하였다. 연구방법과 프로세스는 [그림 3-7]과 같다.

먼저 서울시 공공자전거 서비스인 따릉이에 대한 감성 분석을 위해 2019년 12월 20일부터 12월 31일까지 크롤링을 시행하였다. 개인정보 보호를 위해 서울자전거 따릉이 공식사이트는 글쓴이 아이디 마스킹 처리, 트위터, 네이버 블로그, 네이버 카페, 다음 카페는 글쓴이 아이디를 삭제하였다. 서울자전거 따릉이 공식사이트 내 시민의견수렴 게시판에서 총 10,327건을 수집하였으며, 트위터에서는 "서울시 따릉이"를 입력한 트윗 전체 중 최신순으로 정렬하여 뉴스, 보도자료 등의 단순 링크, 링크된 게시물의 단순 제목 또는 요약글, 단순 리트윗, 뉴스 기사 요약글, 링크된 페이지 URL, 서울시 공식계정의 정책홍보글, 서울시 따릉이 문의응대글 등을 삭제하여 수집하였다. 네이버 블로그, 네이버 카페에서는 "서울시 따릉이"를 입력한 포스팅을 관련도순 정렬하여 수집하였으며, 다음카페에서는 정확도 순으로 정렬하여 수집하였다. 수집된 데이터수는

그림 3-7 연구 프로세스

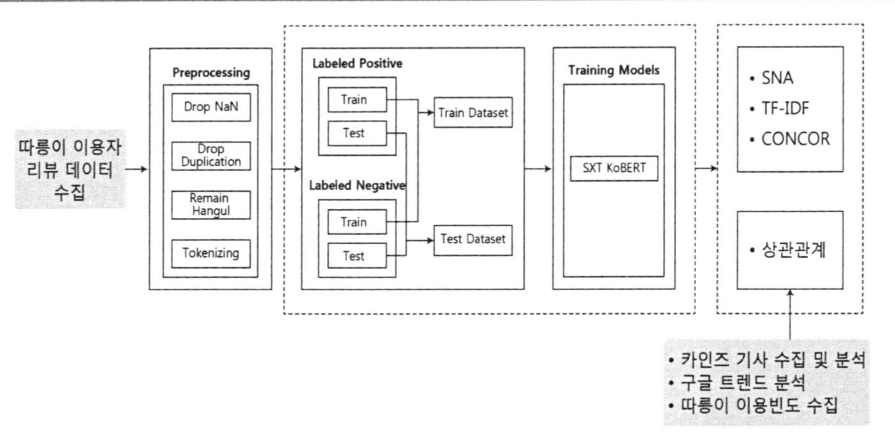

표 3-5 수집된 데이터 수

출 처	Twitter	Naver Blog	Naver Cafe	Daum Cafe	Official Site	합계
갯 수	504	1,019	968	797	10,327	13,615

그림 3-8 구글 트렌드 검색, 카인즈 기사 빈도 비교(2015.03~2020.03)

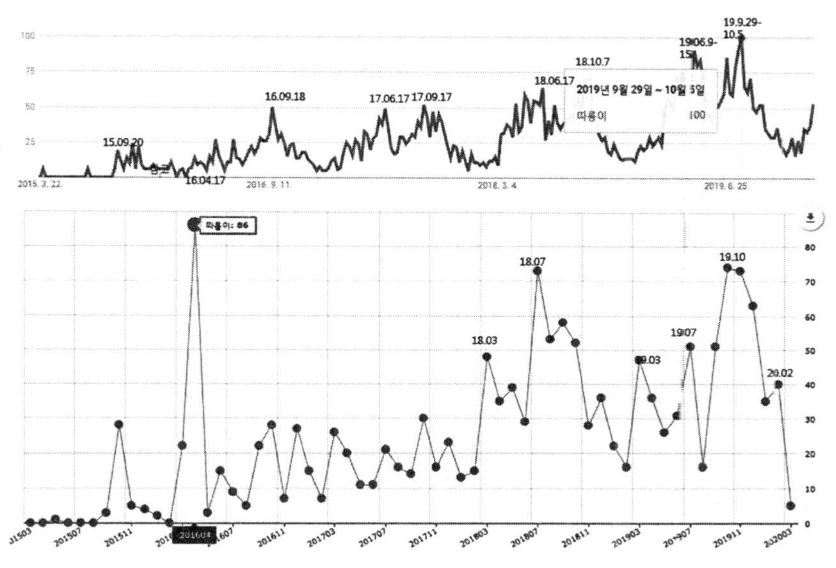

〈표 3-5〉와 같다.

이와 함께 따릉이의 정책적 변화량과 이용자들의 이용 트렌드를 알기 위해 한국언론진흥재단의 뉴스기사 데이터베이스인 빅카인즈(http://www.kinds.or.kr)를 이용해 기사를 수집하여 기사량 변화를 살펴 보고, 구글을 통해 검색어 트렌드 분석을 실시하였다. 분석결과는 [그림 3-8]과 같다.

2018년 9월부터 시작된 안전모 의무착용 등의 서비스 변화 발생으로 기사 및 검색량의 유입이 늘어 서비스 정책 변화와 밀접한 관계를 알 수 있다. 따릉이의 기간별 주요 서비스 변화는 〈표 3-6〉과 같다.

표 3-6 따릉이의 기간별 주요 event

기 간	내 용
2015/10	서비스 시작
2018/07	안전모 무료대여 시범실시
2018/09	안전모 착용 실시
2019/03	따릉이 대여소 600개 추가
2019/07	자전거 하이웨이(Cycle Rapid Transportation 이하 CRT)' 구축 계획
2019/10	따릉이 도난방지기능 추가
2019/11	따릉이 배달 전면금지

분석방법 및 결과

SKT KoBERT를 기반으로 전처리한 11,954개의 리뷰 데이터를 긍정과 부정으로 극성을 분류하였으며, 극성이 나누어진 11,954개의 데이터를 대상으로 텍스트 마이닝 분석을 실시하였다. 이를 위해 Textom, UCINet6, NetDraw를 사용하였다. 어휘감성사전 분석결과 호감 및 거부감이 높은 것으로 나타났다(그림 3-9). 부정의 경우 '불편'과 '부족' 및 '부담스럽다'는 내용이 주로 나왔으며 이

그림 3-9 어휘감성 분석 결과

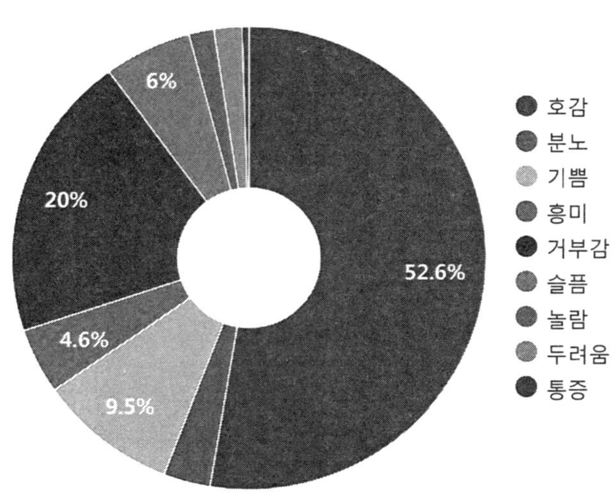

그림 3-10 워드 트리 차트(부정-고장)

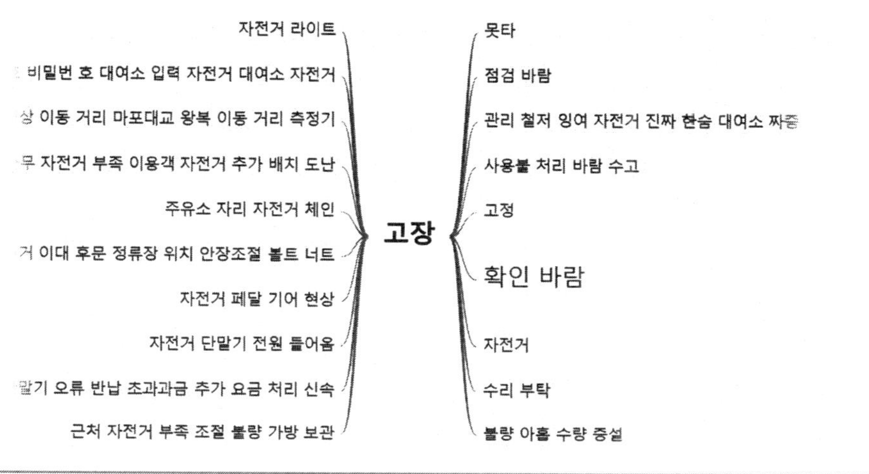

그림 3-11 워드 트리 차트(긍정-한강)

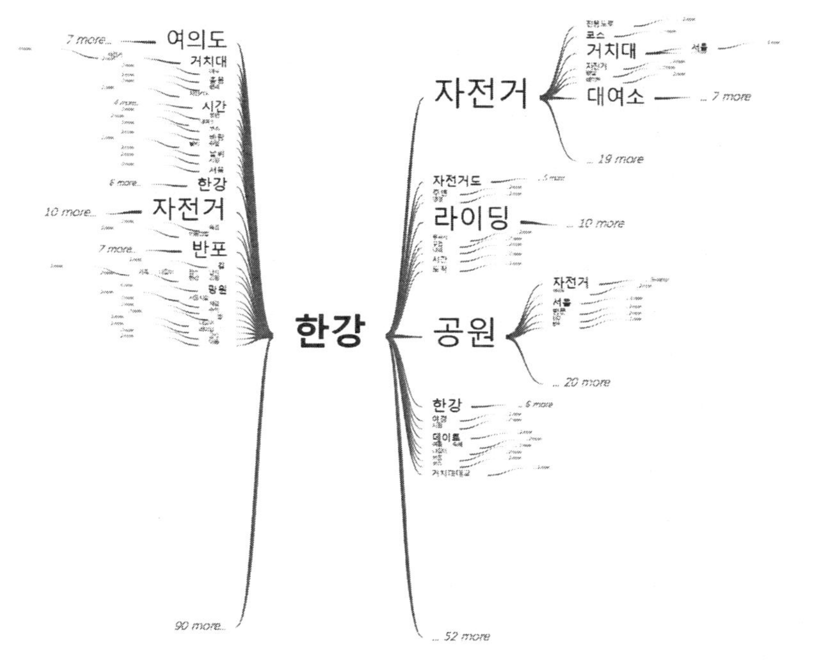

표 3-7 개체명 인식 결과

개체명 인식	부정	긍정
지역	여의도, 송파구, 강서구, 종로, 노원구	한강, 여의도, 광화문, 뚝섬, 중랑천
시간	오후, 저녁, 새벽	저녁, 오후, 밤
날짜	하루, 수요일	주말, 가을,
신체	무릎, 다리	다리, 몸

는 따릉이 이용시 불편한 점과 자전거 및 거치대 등 장비를 포함한 하드웨어적인 문제가 많은 것으로 파악된다. 긍정의 경우 '후하다', '좋다', '대중적이다'순으로 나타났는데, 이는 모든 시민들이 따릉이 서비스의 혜택을 넉넉하게 제공받고 있음을 보여준다.

TF-IDF(Term Frequency-Inverse Document Frequency)는 빈도 행렬이 문서에 등장하는 단순 빈도를 측정하는 반면 TF-IDF는 빈도에 상대적 중요도에 따라 가중치를 부여하는 방식이다.[8] TF-IDF에 따른 분석 결과, 긍정 및 부정 모두 자전거에 대한 빈도가 높았으며 부정은 대여소와 이용, 반납에 대한 불편이 많았고 이외 거치대 추가 설치 및 결제, 자전거 및 안장 문제, 환불 및 오류, 연결문제 등 자전거 장치문제와 따릉이 시스템에 대한 전반적인 불편과 개선에 대한 단어가 나타났다. 긍정은 따릉이 정책 및 운영에 대하여 전반적으로 만족하는 것으로 나타났으며, 이외 한강, 공원, 라이딩, 코스, 사진 등 자전거를 이용한 여가생활에 관련된 단어의 빈도가 높았다.

개체명 인식(Named Entity Recognition)은 미리 정의해 둔 사람, 회사, 장소, 시간, 단위 등에 해당하는 단어(개체명)를 문서에서 인식하여 추출 분류하는 기법이다. 본 연구에서는 텍스톰를 이용하여 개체명 인식을 실시하고 개체명 인식결과를 서울시가 따릉이 운영 후 4년간(2015년 10월~2019년 9월)의 이용 데이터를 분석한 결과(서울시, 2019.11.4.)와 비교 분석하였다. 개체명 인식 결과 지역, 시간, 날짜, 신체 등에서 부정과 긍정의 차이가 있는 것으로 나타났다.

스마트 거버넌스에 시사점: 시민 니즈 파악

공공서비스에 대한 시민들의 리뷰는 영화나 책처럼 특정 플랫폼에서 이루어지는 텍스트 데이터와 달리 다양한 채널에서 생산되고 긍정과 부정의 극성을 구분할 수 있는 기준이 없다. 이에 본 연구에서는 훈련데이터를 개발하여 딥러닝을 통해 극성을 자동분류하는 알고리즘을 제시하여 평점 등의 극성 판별 기준이 없는 데이터를 처리할 수 있게 하였다. 공공서비스 분야의 평가를 위해서는 이에 특화된 사전 개발이 필요하다. 둘째, 시민들이 생성하는 대규모의 리뷰 데이터를 대상으로 텍스트 마이닝 분석을 활용할 경우 기존의 특정 시점에 대규모적으로 이루어지는 설문조사 및 소수의 전문가 평가 등 기존 공공서비스 평가 분석의 시간 및 비용 등의 한계를 보완할 수 있을 것이다. 셋째, 텍스트 마이닝 기법의 활용으로 시민들의 다양한 욕구를 파악할 수 있고, 클러스터 및 CONCOR분석을 통해 시민들의 내면의 욕구를 알 수 있으며, Word Tree Charts 분석을 활용하여 환경에 맞게 특정 주제와 관련하여 언어가 어떻게 사용되는지에 대한 세부분석이 가능하다.

1.4 부산시 민원 데이터 분류 사례[9]

연구목적

행정기관의 민원은 주민들의 불편사항과 의견을 수집할 수 있는 중요한 자료이다. 이를 통해 정책수요를 파악할 수 있으며 실행 중인 정책의 문제점을 파악할 수 있다. 주민들이 제기하는 민원은 각각 해당 행정부서로 이관되어 민원이 처리된다. 민원을 행정부서별로 이관시키기 위해서는 사람이 수작업으로 민원 내용을 확인하고 해당 부서로 분류한다. 민원의 양이 많아지거나 수집되는 매체가 늘어나게 된다면 민원처리를 수작업으로 수행하기에 어렵다. 그리고 문서 자동분류를 위한 방법으로 주로 사용되고 있는 머신러닝 기반의 분류방법은 많은 양의 학습 데이터가 필요하며 이를 확보하기 위해서는 많은 시간과 노력을 소요하여야 한다. 이러한 문제를 해결하기 위해 행정부서의 특성을 포함한 분류체계를 활용하여 민원 데이터를 해당 부서별로 분류하는 방법을 고안하였다. 이 방법을 활용하여 부산시의 민원 데이터를 행정부서별로 분류하였다.

연구방법: 자료수집

분류체계의 생성 및 자동분류의 절차는 아래 [그림 3-12]와 같다.

그림 3-12 분류체계 생성 실험 절차

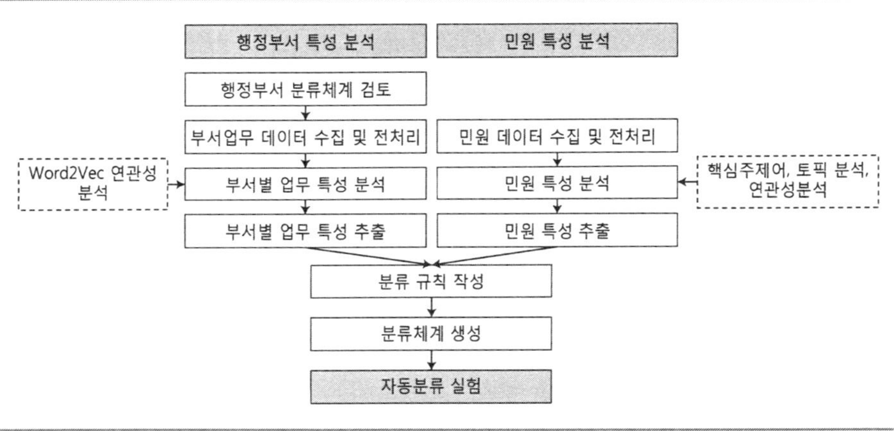

(1) 부산시 행정부서 분류체계 검토 및 부서별 업무 자료 수집

부산시 행정부서의 분류체계의 분류구조 및 항목을 파악하기 위해 부산시청의 행정조직체계를 파악하였다. 부산시청의 조직체계는 [그림 3-13]와 같이 시장 예하에 부시장 및 직속기관을 포함한 22개의 실·국·본부와 97개의 과가 편재되어 있었다(2019년 1월 기준).

부산시청의 행정부서를 검토하여 분류구조 및 항목을 결정하였다. 실국본부 중 시장직속 부서인 비서실은 시장의 업무를 지원하기 위한 부서로 민원을 직접 처리하는 부서가 아니기 때문에 제외하고 나머지 21개의 실국본부와 97개의

그림 3-13 부산시청 조직체계(부산시 홈페이지)

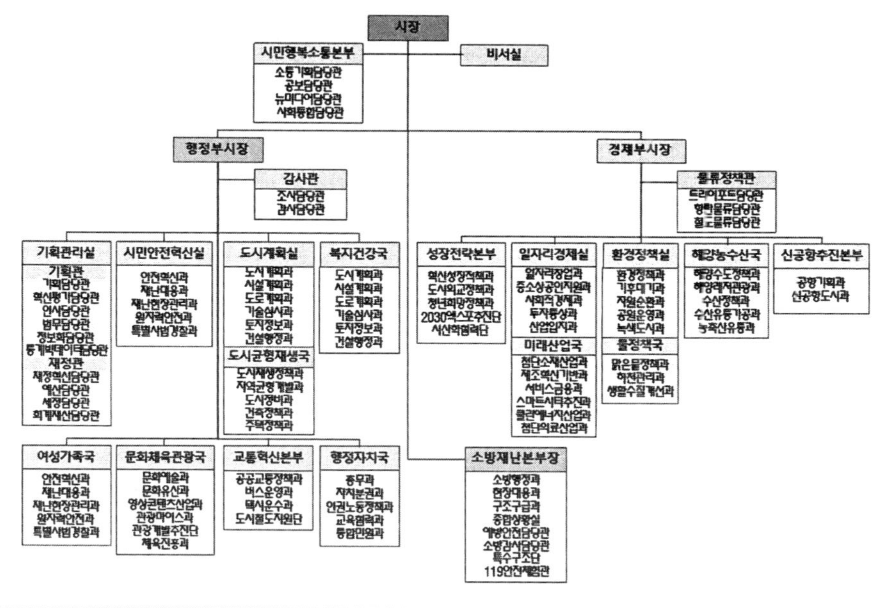

과로 행정부서에 대한 분류구조와 분류항목을 결정하였다.

분류구조와 분류항목이 결정되었으면 이후 분류기준을 생성하게 된다. 분류기준은 분류항목인 각 부서의 특성으로 분류할 문서인 민원이 할당될 범주이다. 민원은 각 부서의 업무에 맞게 나뉘어야 하기 때문에 부서별 담당업무를 나타낼 수 있는 키워드가 특성이 된다. 업무관련 전문가나 각 부서별 담당자가 해당 업무를 정리하게 된다면 전문에 의해 분류기준을 작성할 수도 있다. 일반적으로 행정기관의 업무는 조직체계 및 각 직원의 업무분장으로 정해져 있으며 이를 분석하여 부서별 업무를 파악할 수 있다. 이에 따라 각 부서의 특성을 파악하기 위해 부산시청의 홈페이지에 게재된 부서별 업무분장을 수집하였다. 이를 실·국·본부와 하위부서인 과로 구분하여 2,000여개의 소속 직원의 업무분장 데이터를 확보하였다.

(2) 부서별 업무특성 추출

부서별 업무 분장에는 부서와 각 소속직원의 업무는 부서, 업무라는 데이터별 레이블이 존재하는 구조를 가지고 있어 지도학습 방법의 데이터 분석이 가능하다. Word2Vec를 활용하여 부서별 업무에 등장하는 단어들을 벡터화하여 유사도 및 대표 업무를 추출하였다. 〈표 3-8〉은 부서별 Word2Vec 결과이다.

표 3-8 부서별 word2vec 결과

시민행복소통본부		감사관		기획관		재정관		시민안전혁신실	
보조금	0.253	구상	0.240	보조	0.243	기반시설	0.240	유지	0.206
혁신	0.220	처분	0.237	촬영	0.236	사건	0.220	경관	0.205
구성	0.214	계약	0.219	직원	0.202	창의	0.218	검사	0.200
보도자료	0.210	예산	0.217	주요	0.197	구상	0.213	관문	0.198
협치	0.206	파악	0.211	BSC	0.192	채용	0.210	장비	0.196
일상	0.186	시정	0.210	고도화	0.192	복무	0.198	환경	0.194
특수	0.184	청렴	0.194	계획	0.173	문서	0.188	상황	0.191
기준	0.181	인터뷰	0.190	공인	0.171	전시회	0.187	교통	0.185
금융	0.178	월간	0.187	국토부	0.166	협치	0.187	실태	0.179
포상	0.178	자치	0.181	본부	0.162	편성	0.178	본부	0.175
시정	0.171	구군	0.181	설명	0.149	촉진	0.177	개편	0.174
분석	0.168	제도	0.169	종합	0.148	경비	0.174	감시	0.172
시책	0.162	담당	0.168	복무	0.145	복원	0.168	계획	0.171
계약	0.162	기록물	0.167	SNS	0.144	부서	0.165	어린이	0.158

도시계획실		도시균형재생국		문화체육관광국		복지건강국		여성가족국	
수립	0.265	농수산	0.313	체계	0.267	국내외	0.210	시민	0.253
단위	0.233	제조	0.239	건강	0.246	의료관광	0.201	경제	0.246
변경	0.204	뉴딜	0.221	균형	0.239	지원	0.187	취업	0.211
시민	0.196	기본	0.217	체육	0.236	글로벌	0.186	황실	0.207
수도	0.196	일반	0.206	시민	0.222	개최	0.186	정책	0.191
주민	0.195	주택	0.202	청소년	0.221	방안	0.183	희망	0.180
자문	0.191	국내외	0.201	레저	0.221	프로젝트	0.181	기획	0.179
동래구	0.185	건강	0.200	활성화	0.207	설립	0.177	마케팅	0.179
실시	0.184	상수도	0.198	홍보	0.202	동남권	0.172	일상	0.178
정책	0.173	시티	0.185	예방	0.181	낙동강	0.166	과제	0.169
주요	0.173	건축	0.177	경관	0.167	관리사	0.163	다문화	0.169
교통	0.168	평정	0.174	인프라	0.163	병	0.157	성폭력	0.164
도시철도	0.156	노선	0.173	관광	0.155	어린이집	0.157	종사	0.161

▒ 민원 데이터 분석방법 및 결과

분류체계 생성을 위해 본 연구에서는 부산시 민원 데이터를 대상으로 하였다. 2016년 공개 민원을 수집하여 전처리를 실시하고 텍스트 마이닝과 연관성 분석을 통계 프로그램 R을 이용하여 분석하였다.

(1) 데이터 수집 및 전처리

부산시 홈페이지의 민원 게시판에 게재된 2016년 공개 민원 데이터를 이용하였다. 부산시 민원은 연 1만 건 이상이 접수되고 있으며, 민원 신청자가 공개 또는 비공개를 선택하여 등록이 되고 있다. 비공개 게시물의 경우 개인적이고 사적인 성격의 민원으로 시 담당자 외에 홈페이지 내에서 조회가 되지 않으며 사생활과 관련된 민원이 주로 이루어지므로 수집 대상에서 제외하였다. 본 연구에서는 민원 중에서 수집 가능하고 주로 공공적인 민원인 공개 게시물을 수집하였다. 이를 위해 부산시청에 공개 민원에 대한 정보공개청구를 신청하여 민원데이터를 수집하였다. 수집된 민원은 2016년 1년간 등록된 3,004건의 데이터이다.

민원 데이터는 민원인이 일정한 형식 없이 직접 작성한 비정형 텍스트이기 때문에 분석을 위해 자연어처리가 필요하다. 먼저 문서형태의 자료를 품사 단위로 구분하여 필요한 데이터를 추출하는 전처리를 위해 통계 프로그램 R의 KoNLP 패키지를 이용하여 형태소 분석을 실시하여 민원 내용에서 명사 단위로 키워드를 추출하였다.

형태소 분석에서 명사만을 추출한 이유는 한국어의 특성상 용언의 변화가 심하여 변화가 적고 문서의 내용과 특성을 추출하기 용이한 명사를 대상으로 하였다.

(2) 핵심주제어 분석

핵심주제어 분석을 위해 민원 데이터 전처리 과정에서 추출한 명사 단위를 이용하여 민원에서 다루어지는 주요 키워드 분석을 실시하였다. 핵심주제 분석은 일반적인 빈도 분석과 TF-IDF(Term Frequency-Inverse Document Frequency; 단어빈도-역문서빈도) 분석을 활용하였다. 빈도 분석은 문서 전체에서 등장하는 단어 빈도로 중요성을 파악하는 것이다. TF-IDF 분석은 문서들에서 단어의 중요도를 판정하는 방법으로 문서에 등장하는 단어의 빈도(TF)와 단어가 등장하는 문서의 빈도의 역수(IDF)를 곱한 값으로 단어의 중요도를 판정한다. TF-IDF 값이 높다는 것은 특정한 단어가 문서들에서 중요도가 높다는 것을 의미한다. 이를 통해 문서 내에서 중요한 단어인 토픽을 찾을 수 있다.

핵심주제어 분석을 통해 추출된 주요 키워드는 중요도가 높은 단어들이지만 이것만으로는 자세한 의미를 찾을 수 없기 때문에 이후에 진행될 토픽 분석과 연관성 분석을 위한 참고 자료로 활용되며 분류체계 생성에 사용될 단어 선정에 활용하게 된다.

핵심주제어 분석을 위해 통계 프로그램 R의 워드클라우드 패키지와 tm 패키지를 사용하였다.

민원 내용에 관용적으로 사용되는 단어와 의미가 불분명하거나 무의미한 단어를 제외하고 높은 빈도를 나타난 핵심주제어로는 '버스'가 가장 높은 빈도를 보이고 있으며 관련 단어로 '노선', '기사', '정류장' 등도 높게 나타났다. 또한 교통과 관련된 '차량', '신호', '정차' 등도 높은 빈도를 보이고 있다. 그 외 '아파트', '공사', '설치', '안전' 등의 단어 빈도가 높게 나타났다.

그리고 TF-IDF 분석 결과는 '버스', '정류장', '노선' 등 버스와 관련된 단어가 가장 높게 나타났으며 '불편', '택시', '단속', '도로', '아파트' 등의 단어가 높게 나타났다.

빈도와 TF-IDF 결과는 상당 부분 유사하게 나왔지만 일부 단어에서는 순위차가 크게 나타나 빈도와 단어의 중요도에서 차이가 있음을 보여주고 있다. 이 두 결과를 종합하여 〈표 3-9〉와 같이 정리하였다.

〈표 3-9〉는 두 결과의 상위 100위 이내의 단어 중 무의미한 단어를 제외한

표 3-9 주요 핵심어의 TF-IDF와 빈도 결과 비교

단 어	TF-IDF 순위	빈도 순위	단 어	TF-IDF 순위	빈도 순위
버스	1	1	설치	44	25
정류장	3	26	차선	50	107
노선	4	9	정차	51	33
이용	5	6	안내	59	68
불편	6	24	운전	66	93
택시	7	50	불법	69	28
차량	13	20	안전	70	32
단속	15	18	경유	71	-
도로	21	74	조치	75	30
기사	22	12	필요	83	52
아파트	23	14	해운대	84	41
간격	24	132	카드	88	131
공사	27	15	문제	92	19
승객	29	44	지하철	98	71
교통	36	110	신호	–	31
주차	38	72	아이들	–	59
출퇴근	39	163	마을	–	73
서류	40	–	교육	–	76
관리	41	27	위험	–	77
운행	42	22	배차	–	78

단어들의 순위를 비교한 것이다. '버스', '정류장', '노선', '이용', '불편', ' 차량', '단속', '기사', '아파트', '공사', '승객', '관리', '운행', '설치' 등의 단어가 공통적으로 높은 값을 나타내고 있다. 이들 단어는 전체 문서에서도 높은 빈도를 가지며 문서들에서의 중요도가 높은 단어로 핵심주제어로 분류할 수 있다. 그리고 '택시', '도로', '간격', '교통', '주차', '출퇴근', '서류', '차선' 등의 단어는 TF-IDF 순위가 빈도에 비해 높은 단어로 빈도수는 적은 편이나 문서 내에서 중요도가 높은 단어인 것으로 나타났다. 그리고 '정차', '불법', '안전', '조치', '해운대', '문제', '신호' 등의 단어는 빈도수가 TF-IDF에 비해 높은 순위로 나타나 여러 문서에 등장하며 문서 내에서는 중요도가 적지만 전체적으로

많이 언급된 단어들이다. 단어 중 상당수는 교통과 관련되어 있으며 그중에서도 버스와 관련된 것으로 추정되는 '정류장', '노선' 등의 단어는 제외하고 핵심주제어를 선정하였다. 핵심주제어는 버스, 불편, 택시, 차량, 단속, 도로, 아파트, 공사, 주차, 설치 등으로 선정할 수 있다.

(3) 토픽 모델링 분석

민원의 문서들이 가지고 있는 주제별로 군집화하는 토픽 분석을 실시하여 민원에서 주로 언급되는 주제를 추출할 수 있다. 이를 위해 토픽 모델링 기법 중 LDA(Latent Dirichlet Allocation) 토픽 모델링을 사용하였다. LDA는 토픽 모델링 기법 중 하나로 문헌-용어 행렬에서 문헌별 주제분포와 주제별 단어분포를 찾아주는 기술이다. 이를 통해 잠재의미인 토픽을 찾아내고 문헌별 주제 분포와 주제별 단어분포를 나타내는 분석이다.

토픽분석은 통계프로그램 R의 "lda" 패키지를 사용하였으며, 토픽의 개수를 50개로 지정하고 도출된 토픽에 주제어를 지정하고 〈표 3-10〉과 같이 유사 토

표 3-10 토픽 개수별 주제

구 분	토픽 50개			
주제 수	26개			
세부 주제	버스	8	노숙인	1
	지하철	1	공항	1
	택시	1	상가	1
	아파트	2	요트경기장	1
	주차	2	도서관	1
	도로	1	시설	2
	교통	2	병원	1
	안전	2	복지	1
	환경	2	교육	1
	단속	4	구포시장	2
	관광	2	공사	2
	민원/행정	6	수영장	1
	재개발	1	신도시	1

픽을 통합하였다.

(4) 민원 데이터 분석 결과 및 분류 특성

민원 데이터를 텍스트 마이닝 결과를 이용하여 문서의 특성을 통해 분류 항목의 기준을 정할 수 있다. 핵심주제어 분석을 통해 민원에서 주로 등장하는 단어를 파악할 수 있으며, 토픽모델링을 통해 민원을 군집화하여 주요 주제를 나누고 이 주제별로 등장하는 단어를 파악할 수 있다. 또한 연관성 규칙을 통해 단어들이 동시에 등장하는 패턴을 알 수 있으며 계층적 체계를 파악할 수 있다.

핵심주제어 분석에서 자주 등장하는 주요 단어들은 버스, 택시 등 대중교통에 관한 내용이 있으며, 도로, 주차와 같이 교통 시설 및 운영에 관한 문제가 많았지만, 아파트, 공사, 단속, 어린이, 안전 등 다양한 문제에 대해 파악할 수 있었다.

그리고 토픽모델링을 통해 유사한 주제를 다루고 있는 민원을 군집화한 결과 버스, 택시, 지하철 등 대중교통의 문제, 주차, 아파트, 민원/행정 등의 문제에 관한 내용에 대해 파악할 수 있었다.

민원의 텍스트 마이닝 분석 결과를 통해 민원에서 주로 발생하는 주제를 유사한 것을 합치거나 구분하여 다시 재정리를 실시하고 이때 등장하는 단어를 핵심주제어 분석에서 발견한 주요 단어들과 비교하여 문서의 특성을 나타내는 단어로 정리하였다.

민원 데이터에서 주로 발생하는 주요 토픽별로 문서 특성과 그에 해당하는 정책 분야와 행정부서를 〈표 3-11〉과 같이 정리하였다. 26개의 토픽은 10개의 정책 분야와 11개의 행정부서에 해당된다. 정책분야는 기능별 행정분류체계를 기반으로 하였으며, 행정부서는 부산시 행정조직체계 중 실국본부급에 해당하는 부서에 맞게 정리한 것이다. 기능별 행정분류체계는 15개의 항목이 있으며, 부산시 행정부서는 22개의 실국본부로 구성되어 있다. 시민들이 신청하는 민원은 전체 행정 분야에서 2/3에 해당하는 영역에 해당하지만 그 아래의 대기능

표 3-11 토픽별 문서특성 및 행정부서

토픽	문서 특성	정책 분야	행정부서	
버스	버스, 노선, 정류장, 기사	교통 및 수송	교통혁신본부	버스운영과
지하철	지하철, 여성, 배려, 전용		교통혁신본부	도시철도지원단
택시	택시, 기사, 요금		교통혁신본부	택시운수과
주차	주차, 불법, 주차장, 요금		교통혁신본부	택시운수과
교통	차량, 정체, 도로		교통혁신본부	공공교통정책과
도로	도로, 신호, 차선 횡단보도, 인도, 보행		도시계획실	도로계획과
공항	신공항, 김해, 유치		신공항추진본부	신공항기획과
아파트	아파트, 건설사, 입주자, 관리, 분양	지역개발	도시균형재생국	주택정책과
재개발	재개발, 허가, 건축, 조합		도시균형재생국	도시정비과
신도시	신도시, 명지, 정관, 아파트		도시균형재생국	건축정책과
공사	건물, 철거, 소음		도시계획실	건축정책과
공단	공단, 상가, 상인, 지하		도시계획실	도시계획과
시설	공원, 운동장, 시설, 사용		도시계획실	시설계획과
수영장	수영장, 수업, 강사, 센터	문화체육 관광	문화체육관광국	체육진흥과
요트경기장	요트경기장, 계류, 협회, 해양		문화체육관광국	체육진흥과
관광	관광, 여행, 관광객, 해운대, 영화제		문화체육관광국	관광개발추진단
복지	복지, 장애인, 지원, 등록, 급여	사회복지	복지건강국	장애인복지과
노숙인	노숙인, 자활		복지건강국	복지정책과
병원	병원, 치료, 피해, 아이	보건	복지건강국	보건위생과
금연	금연, 구역, 지정, 단속		복지건강국	건강정책과
안전	안전, 예방, 위험, 재해, 사고, 관리	공공질서, 안전	시민안전혁신실	안전혁신과
농축산물	축산물, 해산물, 식품위생법, 불법, 단속	농림해양 수산	해양농수산국	농축산유통과
환경	쓰레기, 악취, 냄새, 소음	환경보호	환경정책실	환경정책과
민원/행정	민원, 공무원, 담당자, 시장, 답변, 태도	일반공공 행정	행정자치국	통합민원과
교육	교육, 학교, 학생, 아이들	교육	행정자치국	교육협력과
도서관	도서관, 요청, 반납, 변경		행정자치국	교육협력과

분류에서는 이보다는 작은 비율을 차지하게 된다. 마찬가지로 행정부서도 절반 정도의 영역에 해당하는 것을 볼 수 있다. 시민들이 요구하는 사항은 전체 시정 업무에서 일부의 영역에만 해당되고 또한 시민의 생활에 직접적으로 영향을 미치는 분야에 편중되는 형상을 보인다. 특히 부산시 민원에서는 교통과 관련된

민원이 핵심주제어의 빈도, 토픽의 수에서도 나타나듯이 전체민원의 절반 이상으로 파악된다. 그리고 그 외의 행정부서는 상대적으로 소수의 민원이 다양하게 제시되고 있는 것을 알 수 있다.

(5) 분류체계 생성

앞선 연구에서 추출된 민원의 문서 특성과 부서별 특성을 이용하여 분류체계를 생성하였다. 부산시의 업무 및 기능체계는 실국본부 급과 예하의 과로 구성되고 계층적으로 이루어져 있으며 이를 구분하여 분류체계를 나타낼 수 있다. 상위의 실국본부의 업무특성은 하위의 과의 업무를 포괄하며 다른 부서와는 구분이 될 수 있는 고유 특성을 나타낼 수 있어야 한다.

민원 분석을 통해 주로 신청되는 민원의 종류와 민원의 주제별로 등장하는 단어를 가중치 목록에 추가하였다. 부서별 업무 분석을 통해 부서에 업무를 대표할 수 있는 단어를 선정하여 〈표 3-12〉와 같이 가중치 목록에 추가하였다.

표 3-12 행정부서 업무특성

실국본부(대분류)	업무특성	과/관(중분류)	업무특성
시민행복소통본부	언론, 홍보, 갈등, 보도자료, 시정, 분석	소통기획담당관	언론, 매체
		공보담당관	홍보, 보도자료
		뉴미디어담당관	홍보, 영상, 운영관리
		사회통합담당관	갈등관리, 주민참여
시민안전혁신실	안전, 재난, 원전, 유지, 검사, 감시, 수사	안전혁신과	시민안전, 민방위
		재난대응과	재난대응, 재난관리, 복구
		재난현장관리과	상황관리
		원자력안전과	원자력, 안전, 감시
		특별사법경찰과	불법, 수사
도시계획실	도시계획, 수립, 도시개발, 도로, 건설, 통지, 부동산	도시계획과	도시계획, 개발제한구역, 도시개발
		시설계획과	기반시설, 도시개발
		도로계획과	도로, 시설
		기술심사과	기술심사, 평가
		토지정보과	토지, 부동산, 지적
		건설행정과	건설, 감독, 유료도로

실국 본부 (대분류)	업무특성	과/관 (중분류)	업무특성
도시균형 재생국	도시재생, 재개발, 뉴딜, 주택, 건축	도시재생정책과	도시재생, 뉴딜, 마을사업
		지역균형개발과	균형개발, 에코델타시티
		도시정비과	도시정비, 재개발,
		건축정책과	정책, 계획, 개발
		주택정책과	공공주택, 주택, 계획
문화체육 관광국	문화, 예술, 체육, 문화재, 관광, 축제, 콘텐츠, 스포츠, 레저	문화예술과	문화, 예술, 오페라하우스
		문화유산과	문화유산, 보존, 지정
		영상콘텐츠산업과	영상산업, 콘텐츠, 영화제
		관광마이스과	관광, 홍보, 국제회의, 축제
		관광개발추진단	관광, 여행, 맛집
		체육진흥과	체육시설, 스포츠산업, 대회개최
복지 건강국	복지, 의료, 병원, 노인, 전염병, 장애인, 담배	복지정책과	복지정책, 계획, 예산, 사회복지
		장애인복지과	장애인, 지원,
		노인복지과	노인, 고령친화, 요양
		건강정책과	공공의료, 예방, 담배
		보건위생과	병원, 치료, 의료관광, 위생, 전염병
행정 자치국	지방자치, 인권, 노동, 지방세, 교육, 학교, 직원, 민원	총무과	협조, 관리
		자치분권과	지방분권, 도심보행길
		인권노동정책과	인권, 노동, 노조, 최저임금
		교육협력과	교육, 학교, 평생교육, 도서관
		통합민원과	민원, 여권, 콜센터
교통혁신 본부	교통, 버스, 택시, 지하철, 주차	공공교통정책과	버스노선, 교통안전, 기록물
		버스운영과	시내버스, 마을버스, 면허, 전용차로,
		택시운수과	택시 면허, 요금, 단속, 주차
		도시철도지원단	도시철도, 지하철, 경전철,
환경 정책실	환경, 기상, 미세먼지, 상수도, 쓰레기, 공원, 녹지	환경정책과	환경, 정책, 보존,
		기후대기과	기후, 기상, 대기, 미세먼지, 배출가스
		자원순환과	쓰레기, 재활용, 폐기물, 매립장
		공원운영과	공원, 유원지, 녹지
		녹색도시과	숲, 산림, 조성
해양농수 산국	해양, 크루즈, 수산업, 농업, 축산, 어업	해양수도정책과	해양 산업, 극지
		해양레저관광과	해양레저, 크루즈, 요트
		수산정책과	수산, 어업, 낚시
		수산유통가공과	수산물, 어촌, 자갈치
		농축산유통과	농축산, 농산물, 축산, 농업, 동물
신공항 추진본부	신공항, 김해, 가덕도	공항기획과	신공항, 가덕, 김해
		신공항도시과	신공항, 소음, 교통

도출된 부서별 주요 키워드는 자동분류기에 사용되기 위해서는 가중치값을 필요로 한다. 가중치는 주요 키워드가 등장 유무만을 적용할 경우 0,1 등으로 부여할 수 있으나 보다 정확도를 높이기 위해서는 문서에서의 중요도 및 유사도에 맞게 변환할 필요가 있다. 일반적으로 가장 많이 적용하는 방식은 TF-IDF값을 활용하고 있다. TF-IDF는 특정 단어가 문서 전체에서의 중요도를 나타내는 주요 지표로 활용된다. 다른 하나는 단어의 벡터값을 활용하는 방법이다. 단어의 벡터값은 특정 단어가 가지는 문서 내에서의 공간적 지표이다. 본 연구에서는 TF-IDF값을 활용하여 문서의 가중치를 부여하는 방식을 사용하였다.

부서별 주요 키워드로 정리된 분류체계는 자동분류기에 활용하기 위해서는 분류항목의 분류코드가 부여되어야 하며 분류코드에 맞는 분류기준, 가중치로 목록화하고 이를 데이터베이스로 저장되어야 한다.

또한 분류체계는 자동분류를 위해 사용되므로 활용되는 자동분류기에 데이터베이스의 목록으로 사용될 수도 있고, 행렬의 형태로 변환되어야 할 수도 있다. 따라서 활용될 자동분류기에 프로그램과 데이터 구조 등의 특성에 맞게 분류체계를 생성하여야 한다.

본 연구에서는 대분류(국실본부)는 2자리 수의 코드번호를, 중분류(과/관)은 3자리수 코드번호를 부여하였다. 코드번호는 〈표 3-13〉과 같다.

표 3-13 행정부서 분류코드

실국본부		과/관					
분류코드	부서명	분류코드	부서명	분류코드	부서명	분류코드	부서명
01	시민행복소통본부	011	소통기획담당관	061	도시계획과	095	보건위생과
02	감사관	012	공보담당관	062	시설계획과	101	여성가족과
03	기획관	013	뉴미디어담당관	063	도로계획과	102	출산보육과
04	재정관	014	사회통합담당관	064	기술심사과	103	아동청소년과
05	시민안전혁신실	021	조사담당관	065	토지정보과	111	총무과
06	도시계획실	022	청렴감사담당관	066	건설행정과	112	자치분권과
07	도시균형재생국	031	기획담당관	071	도시재생정책과	113	인권노동정책과
08	문화체육관광국	032	혁신평가담당관	072	지역균형개발과	114	교육협력과
09	복지건강국	033	인사담당관	073	도시정비과	115	통합민원과
10	여성가족국	034	법무담당관	074	건축정책과	121	공공교통정책과
11	행정자치국	035	정보화담당관	075	주택정책과	122	버스운영과
12	교통혁신본부	036	통계빅데이터담당관	081	문화예술과	123	택시운수과
13	물류정책관	041	재정혁신담당관	082	문화유산과	124	도시철도지원단
14	성장전략본부	042	예산담당관	083	영상콘텐츠산업과	131	트라이포트담당관
15	일자리경제실	043	세정담당관	084	관광마이스과	132	항만물류담당관
16	미래산업국	044	회계재산담당관	085	관광개발추진단	133	철도물류담당관
17	환경정책실	051	안전혁신과	086	체육진흥과	141	혁신성장정책과
18	물정책국	052	재난대응과	091	복지정책과	142	도시외교정책과
19	해양농수산국	053	재난현장관리과	092	장애인복지과	143	청년희망정책과
20	신공항추진본부	054	원자력안전과	093	노인복지과	144	2030엑스포추진단
21	소방재난본부	055	특별사법경찰과	094	건강정책과	145	시산학협력단

스마트 거버넌스의 적용: 자동분류 실험 및 결과

(1) 자동분류 실험

앞에서 도출된 분류체계를 활용하여 문서 자동분류를 실시하여 분류체계의 효과를 검증한다. 검증을 위한 자동분류기는 비지도학습을 기반으로 하는 인공신경망 모델을 사용하여 부서의 업무특성과 민원 데이터로부터 도출된 분류체

그림 3-14 자동분류 실험 방법

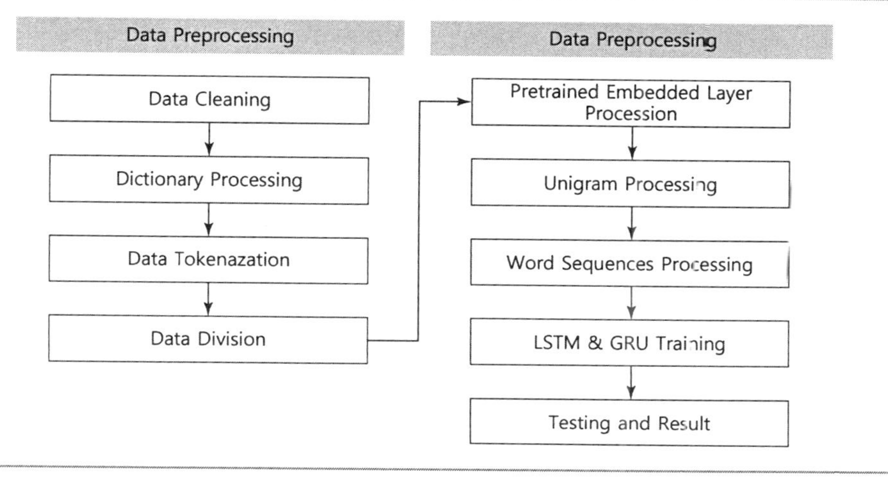

계의 키워드를 가중치로 활용하여 문서를 분류하도록 하였다. 분류과정은 [그림 3-14]와 같다. 분류를 위한 데이터는 민원데이터와 부서 업무데이터를 이용하였으며, 분류체계의 분류 특성은 TF-IDF 값을 이용하여 가중치를 부여하였다.

자동 분류기는 데이터 전처리를 통해 형태소로 분석 및 정제작업을 실시하고 단어의 자지 값을 추출하기 위해 TF-IDF와 Word2Vec를 실시한다. 이 값을 이용하여 민원데이터의 비지도학습을 위해 토픽모델일의 LDA 기법을 이용하여 군집화를 실시한다. LDA를 통해 군집화된 데이터는 다시 데이터 최적화 및 정제작업을 거처 분류체계의 업무특성 단어를 TF-IDF 값과 벡터 값으로 가중치를 부여하여 최종적으로 LSTM 방식의 딥러닝 기법을 활용하여 분류를 실시한다.

자동분류 실험을 위해 부산시의 2015~2017년 민원데이터를 이용하여 분류체계를 생성하였으며 2017년 데이터를 자동분류 실험을 실시하였다. 자동분류기는 파이썬을 이용하여 전처리, TF-IDF/Word2Vec, LDA, 가중치 계산, LSTM 등의 라이브러리를 활용하여 작성하였다.

(2) 자동분류 실험 결과

분류체계를 이용한 민원 데이터의 자동분류를 실시하였다. 분류된 결과의 정확도를 파악하기 위해 민원의 LDA 토픽모델링을 통한 군집화 결과와 비교하였다. 이러한 방법을 사용한 이유는 민원에는 레이블이 작성되어 있지 않기 때문에 민원이 해당 부서에 정상적으로 분류된 것을 직접적으로 확인하기 어렵기 때문이다. 이에 본 연구에서는 민원의 주제별로 그룹화된 결과와 분류의 결과를 비교하여 간접적으로 결과의 정확도를 비교하는 방법을 사용하였다.

실험결과는 분류 정확도가 70% 정도로 나타났다. 30% 정도의 분류가 되지 않는 loss가 발생하였으며, 이는 범주의 특성인 키워드에 해당하는 단어가 포함되지 않은 민원이거나 키워드로 측정하기 부족한 측정값으로 계산된 민원이 많다는 것으로 추측된다. 이는 특성 추출에 사용된 핵심주제어, 토픽분석 등에서 빈도수가 낮은 단어와 토픽으로 추출되지 않은 주제의 민원이 다수 존재하는 것으로 보인다. 이는 분류체계 생성시 부서별 특성을 재검토하여 보완할 수 있을 것이다.

그리고 민원 데이터는 시민이 직접 작성한 문서로 오탈자, 맞춤법 등의 문제로 정확한 분석을 저해하는 경우가 발생한다. 이는 맞춤법 교정, 동의어 처리 등의 자연어 처리기법의 향상에 따라 보완이 필요한 부분이다. 또한 민원 내용은 하나의 문제에 대해 작성되기도 하지만 여러 가지의 문제를 제기하거나, 하나의 문제에 대해 장문의 글로 작성하는 경우 사용되는 단어에 따라 분류의 효과를 감소시킬 수 있는 것으로 보인다.

(3) 자동분류 성능 검증

앞서 실험한 자동분류의 결과는 문서분류의 효과를 간접적인 방법으로 측정한 결과이다. 보다 정확한 분류 결과를 검증하기 위해서는 분류된 민원이 해당 부서에 정확하게 할당되었는지 정확도를 측정할 필요가 있다. 전체 민원을 90여 개의 부서에 할당된 결과를 검증하는 것이 합당하나 민원의 특성상 특정 부서에 민원이 편중되기 때문에 가장 많은 민원이 모이는 부서에 대한 결과의 정확도를 측정하였다. 부산시의 민원은 절반 정도가 교통과 관련된 민원에 집중되고 있으며 그중에서도 버스와 관련된 민원이 가장 많이 발생하고 있다. 이에 정확도는 교통혁신본부의 버스운영과의 결과를 대표로 측정하였다.

그리고 실험에 사용한 민원은 해당 부서에 대한 레이블이 없기 때문에 실험의 정확도를 측정하기 위해 민원에 해당 부서를 직접 작성하였다. 민원은 실제 부산시청 내의 부서와 외부의 구청 및 산하기관으로 민원 내용에 따라 이관되지만 본 연구에서는 부산시 내부의 부서를 대상으로 실험을 하였기 때문에 내부 부서에 대해 분류된 결과를 측정하기 위해 연구자를 포함한 3인이 민원 내용을 확인하고 내부 부서에 문서의 분류를 직접 실시한 결과와 비교하였다.

분류의 정확도를 측정하기 위한 방법으로는 일반적으로 분류성능평가지표를 사용한다. 이 지표에는 정밀도(Precision), 재현율(Recall), 정확도(Accuracy)가 있다(tistory, 2018). 이는 기계학습의 모델이 분류한 결과가 실제 정답과의 관계로 평가하는 것이다.

정밀도는 모델이 True라고 분류한 것 중에서 실제 True인 것의 비율이며 아래와 같은 식으로 표현할 수 있다. 이 지표는 정답률이라 할 수 있으며 모델이 정답이라고 한 것 중 실제 정답인 비율이다. 재현율은 실제 True인 것 중에서 모델이 True라고 예측한 것의 비율이며. 아래의 식과 같이 표현할 수 있다. 통계학 및 진단의학 분야에서는 민감도(sensitivity)라는 용어를 사용하고 있으며 실제 정답을 얼마나 정확하게 찾아내는가를 나타내는 값이다. 정확도는 True를 True라고 옳게 예측한 것과 False를 False라고 정확히 예측한 것을 반영한 지표이다. 앞의 정밀도와 재현율이 정답을 찾아내는 것을 다루었다면 이 지표는 정답과 오답을 모두 정확하게 찾아내었는가 나타내는 값이다. 전체 결과에서 정답과 오답을 옳게 찾아낸 비율이다.

실험 결과의 정확도를 측정하기 위해 전체 부서에 대해 측정하여야 하지만 민원이 가장 많이 발생하고 있는 교통혁신본부의 버스운영과를 대표로 선정하

표 3-14 분류 실험 결과

분류 결과	실제 결과	
	True	False
True	469	6
False	322	2208

여 분류성과지표를 통해 정확도를 측정하였다.

분류 실험 결과 2016년 3,005건의 민원 중 버스운영과로 총 475건의 민원이 분류되었으며 실제 버스운영과의 민원은 791건 있었다.

분류성과지표는 아래와 같이 측정되었다.

- 정밀도(Precision): 98.7%
- 재현율(Recall): 59.3%
- 정확도(Accuracy): 89.1%

실험 결과에서 정밀도는 분류 결과의 정답 비율로 98.7%를 나타내었으며 이는 분류된 민원이 해당 부서로 정확히 할당된 비율로 매우 높은 정확성을 보여주고 있다. 재현율은 59.3%로 나타났으며 이는 실제 민원에서 버스운영과로 할당되어야 할 민원이 제대로 분류된 비율로 높은 정확성을 보여주지 못하고 있다. 그리고 정확도는 전체 민원에서 버스운영과로 할당되어야 할 것과 타부서로 할당되어야 할 것의 분류의 정확성을 나타내는 것으로 상당히 높은 결과 값이 나왔다. 이를 통해 분류 실험의 전체 결과는 민원을 해당부서로 보내야 할 민원을 찾아내는 정확도는 높지 않지만 할당된 민원은 해당 부서에 매우 정확한 민원을 제공할 수 있다는 것을 보여주고 있다.

2. 스마트 거버넌스에 시사점

스마트 거버넌스는 시민참여의 혁신을 통해 정책과정에 새로운 변화를 가져올 수 있다. 본 장에서는 다양한 사례를 통하여 인터넷 상에 남은 시민 의견이 어떻게 분석되고 정책과정에 반영될 수 있는지 스마트 거버넌스의 방향 및 가능성을 살펴보았다. 다음은 각 사례로부터 정책과정의 지능화·자동화를 추구하는 스마트 거버넌스에 주는 시사점을 다시 한번 정리한 것이다.

경기지역화폐 사례

지역화폐는 경기지역 경제활성화를 위해 도입된 것으로 주민들이 지역화폐 사용에 적극적으로 사용하는 것이 가장 중요하다. 지자체는 지역화폐를 발급하고 운영하는 주최자로서 지속적인 모니터링을 통해 문제점들을 발견하고 개선사항을 반영하여야 할 필요가 있다. 즉, 지역화폐와 같이 시민의 참여활동이 정책의 유지 및 확대에 중요한 역할을 하는 경우 시민 만족도 및 요구사항을 파악하여 계속해서 정책을 개선해 나가는 것이 중요하다. 시민들이 지속적으로 사용하지 않는다면 긍정적으로 작용했던 경제효과가 다시 처음으로 돌아가는 문제가 발생할 수도 있기 때문이다.

계속적인 지역화폐 활성화를 위해서는 꾸준히 시민들의 의견을 수렴하여 제도 개선에 반영해야 하지만 설문조사와 같은 기존의 방법들은 많은 시간과 비용이 소비된다. 시민들의 의견이 다양하게 표출되는 SNS를 통해 의견을 수집하고 텍스트 마이닝 방법을 통해 의미있는 정보를 추출한다면 많은 시간과 비용을 절약할 수 있을 것이다.

스마트 거버넌스는 온라인 카페글 등 시민들이 자유롭게 표출한 의견들을 분석하여 정책을 개선해 나감으로써 지역화폐 사용이 지속적으로 활성화될 수 있도록 도움을 줄 수 있다. 경기지역화폐 사례와 같이 현재 시행 중인 정책을 지능화·자동화 시스템에 의해 시민들의 요구사항들을 모니터링하고 정책에 피드백한다면 정책의 효율성과 시민들의 만족감을 높일 수 있을 것이다.

■ 코로나19 대응 마스크 5부제 사례

올해 전세계적으로 팬데믹을 일으키고 있는 코로나19사태에 대한 시민들의 불안감은 마스크 사태를 통해 나타났고 정부는 민첩하게 '마스크 5부제'를 실시하여 마스크의 안정적인 수급을 가능하게 했다. 이러한 과정에서 시민들이 카페에 남긴 글과 마스크구매 인증사진 등 인터넷에서 남긴 모든 활동들은 실시간으로 분석되어 정부의 정책과정에 반영될 수 있다. 즉, 정부는 마스크의 불안정한 수급문제를 해결하기 위한 대안으로 '마스크 5부제'를 실시하였고 마스크 수급이 안정화되자 마스크 5부제를 더 이상 실시하지 않는 것으로 발표하였다 (뉴시스, 2020.5.29.).

전염병의 확산과 같은 시급한 사안에서 스마트 거버넌스의 필요성은 더 부각된다. 긴급한 정책결정이 필요한 상황에서 시민들의 의견을 재빠르게 파악하고 이를 고려하여 정책을 실시함으로써 정책의 정당성 및 효율성을 높일 수 있다. 이는 연구결과에서도 잘 보여준다.

■ 따릉이 사례

현재 공공서비스 평가는 소수의 전문가 또는 설문조사의 형태로 이루어지고 있다. 이러한 전통적인 정책평가방법은 이용자들의 의견을 빠르고 효율적으로 파악하기 어렵고 특히 서비스 초기단계에서 시민들의 불만족이나 요구사항을 분석하는 데 어려움이 있다. 이러한 정량적 평가방법의 한계점을 극복하기 위해 스마트 거버넌스 관점에서 본 연구는 새로운 형태의 시민참여를 통한 공공서비스 평가기법을 제안하고 있다. 그 결과 서울시 공공자전거 서비스인 따릉이를 이용한 사람들이 SNS에서 남긴 실제 리뷰 텍스트 데이터 13,615개를 이용하여 공공서비스 사용자들의 숨겨진 욕구를 효율적으로 찾아내어 공공서비스를 개선할 가능성을 보여주었다. 이러한 빅데이터를 이용한 스마트 거버넌스는 시민의 니즈와 다양한 욕구를 파악하여 신규수요를 초기단계에서 예측하고 공공서비스를 개선하여 공공서비스의 품질을 높일 수 있을 것이다.

민원 자동분류 사례

민원처리분류를 통한 정책의제형성을 위한 준비과정은 기존 정부가 제공하는 웹사이트를 기반으로 한다는 데는 큰 차이가 없어보일지도 모른다. 그러나 과거와 달리 비정형 데이터의 수집 및 분석을 통하여 시민들의 의견을 새롭게 바라볼 수 있다.

스마트 거버넌스는 자동화된 플랫폼을 이용하여 시민들의 정책에 대한 의견 및 감성을 수집하여 정책의 각 단계에 적용할 수 있다. 정책의 각 단계에 빅데이터 기법을 통해 시민의 의견이 수렴될 수 있게 됨에 따라 정책과정에 대한 시민들이 의사결정자적 역할을 할 수 있게 되고, 정부의 정책에 대한 투명성·대응성·접근가능성을 높여 시민들의 정부에 대한 신뢰를 제고할 수 있을 것이다.

스마트 거버넌스는 전통적인 시민참여에서 벗어나 새로운 형태의 시민참여를 가능하게 한다. 사례를 통하여 온라인 카페에 남긴 댓글 등이 분석되어 시민들의 의견으로 나타날 수 있음을 확인하였다. 즉, 인터넷 상에서 자유롭게 오간 시민의 의견이 의도하지 않았지만 정책과정에 반영될 수 있게 됨으로써 스마트 거버넌스의 가능성을 보여준다. 이러한 비의도적인 시민참여까지 가능하게 하는 스마트 거버넌스를 통한 정책과정의 자동화 및 지능화가 이루어지기 위해서는 앞으로 많은 연구가 필요할 것이다.

❙ 참고문헌

1. 홍순구 외(2020), 스마트 거버넌스: 정책과정의 혁신, 유원북스.
2. 안순재(2020), "빅데이터기반 시민의견 모니터링 방안 연구: 경기지역화폐를 중심으로," 디지털복합연구, 2020년 하반기 게재 확정.
3. Yoo, M. M.(2019), "A Study On Types, Characteristics and Establishment of Regional Currency Movement," *The Journal of Labor Studies*, 39(2019. 12), 131-157.
4. 이새미(2020), "텍스트 마이닝을 활용한 매스 미디어와 소셜 미디어 의제 분석: '마스크 5부제'를 중심으로," 한국콘텐츠학회, 20(6)에서 발췌.
5. Zhao, W., J. Chen and W. Zen, "Best practices in building topic models with LDA for mining regulatory textual documents," CDER 9TH NOVEMBER, 2015.
6. Lu, Y., M. Qiaozhu and Z. ChengXiang(2011), "Investigating task performance of probabilistic topic models: an empirical study of PLSA and LDA," *Information Retrieval*, 14(2), 178-203.
7. 동아대 스마트 거버넌스 연구센터 연구자료(김나랑 & 홍순구, 텍스트 마이닝을 활용한 공공서비스 평가: 서울시 공공자전거 '따릉이' 사례로, 2020 논문 투고 및 심사 중).
8. Salton, G. and M. J. McGill(1983), *Introduction to Modern Information Retrieval*, McGraw-Hill.
9. 김현종, '레이블이 없는 문서 자동분류에 의한 기계학습 기반의 분류 체계 생성에 관한 연구,' 2019 박사학위 논문에서 발췌.

제4장

스마트 거버넌스의 미래

1. 스마트 거버넌스의 도입을 위한 준비
2. 스마트 거버넌스가 가져올 사회변화

1. 스마트 거버넌스의 도입을 위한 준비

4차 산업혁명 시대의 도래에 따른 사회변화에 대응하여 거버넌스가 진화하고 있다. 포노 사피엔스의 등장은 사람들이 스마트폰으로 24시간 인터넷으로 연결되어 소통함을 의미한다. 이러한 변화는 사람들이 정보소비자에서 쉬지 않고 디지털 발자국을 만들어내는 정보생산자로 변화시켰다. 그러나 4차 산업혁경과 같은 신기술이 세상을 변화시키고 있지만 기술에 따른 사회의 변화에 대응하는 시스템은 여전히 마련되지 않았다. 4차 산업혁명에 따른 변화가 너무 빠르고 과거의 논리로는 예측할 수 없는 급격한 변화를 일으키고 있어 불확실성에 대한 기대와 함께 우려가 공존하기 때문이다. 불확실한 미래에 대응한 새로운 거버넌스 체제에 대한 논의를 시작함으로써 앞으로의 미러를 준비할 필요가 있다.

정부는 4차 산업혁명 시대에 급변하는 환경변화에 따라 시민들이 원하는 것을 정책에 반영하기 위해서 새로운 거버넌스로의 진화를 이해하고, 지속적인 학습조직을 통해 대응해 나가야 한다. 여기서 학습조직이란 "조직 구성원들이 자신들이 원하는 것을 창조할 수 있는 역량을 끊임없이 확장해 나갈 수 있고, 새로이 열려진 사고의 유형들이 집중되고 배양되며, 집단적 열망이 표출될 수 있는, 그리고 어떤 것이 학습인가?를 지속적으로 함께 배워 나가는 조직"을 말하는데,[1] 정부의 스마트 거버넌스로의 추진은 이러한 지속적인 학습조직이 있을 때 전략적 계획에 따라 보다 효과적으로 이루어지고 오늘날 사회변화에 대응할 수 있게 된다. 즉, 정부는 새로운 거버넌스를 이해하고 전략적 계획을 수립해야 할 시점인 것이다.

우선 정부는 빅데이터에 기반한 새로운 형태의 시민참여를 통한 정책과정의 변화에 대응하여 기본적으로 통계 데이터와 행정 데이터, 민간데이터를 포괄하는 통합 데이터 체계를 수립해 스마트 거버넌스를 준비해야 한다.[2] 이미 영국, 미국 등 해외 주요국은 최근 국가통계제도 개혁과 증거기반 정책 수립의 실효성 확보를 위해 노력을 기울이고 있다. 이러한 노력은 궁극적으로 미래 지향적인 데이터 통합관리체계의 재정립이 4차 산업혁명으로 인한 빅데이터 시대를 대비하기 위한 핵심과제이기 때문이다. 빅데이터 시대에 부합하는 데이터 체계 강화를 위해서는 국가 핵심데이터 자원인 국가통계를 우선으로 해서 시민들이 남긴 디지털 발자국과 같은 민간데이터의 활용까지 유기적인 데이터 체제 정립이 단계적으로 이루어져 할 것이다. 통합적 데이터 체제 구축 및 관리를 통해 무차별 데이터의 수집과 '감시자본주의'[3]가 정치와 권력의 영역으로 옮겨갔을 때 발생할 것으로 예상되는 폐해도 미리 대비해야 한다. 에릭 슈미트[4]가 "데이터 혁명 때문에 시민들이 가상공간에서 개인정보에 대한 통제력을 상당 부분 상실할 것이고 그것이 현실세계에서 중대한 결과로 이어질 수 있다"고 주장한 것처럼 빅데이터를 이용한 서비스가 개인에 대한 감시와 인권의 침해로 이어질 수 있기 때문이다.

그리고 시민이 남긴 디지털 발자국 빅데이터를 기반으로 하는 스마트 거버넌스에 대응하기 위해서는 개인정보에 관한 패러다임의 전환이 필요하다. 이러한 준비는 이미 개인데이터의 법적 권리에 대한 논의를 통해 서서히 이루어지고 있다. 4차 산업혁명에 대응하고 데이터산업의 활성화를 위한 '데이터 3법'이 올해 2020년 1월 9일 국회 본회의를 최종 통과하였다. 개인정보보호법, 정보통신망법, 신용정보법을 골자로 하는 데이터 3법은 개인정보보호에 관한 법령이 소관 부처별로 상이하게 분산되어 있어 발생하던 중복규제를 없애고 추가 정보의 결합 없이는 개인을 식별할 수 없도록 안전하게 처리된 가명정보의 개념을 도입하는 것이 핵심내용이다. 기업은 이미 이러한 데이터 3법에 대응하여 데이터 활용전략을 수립하는 등 새로운 서비스와 제품을 개발하고 있다. 마찬가지로 정부에서도 데이터 3법 통과를 시작으로 새로운 거버넌스 체제로의 변화를 준비해 나가야 할 것이다.

데이터 3법의 주요 내용

– 개인정보보호법 개정안

- 개인정보 관련 개념을 개인정보, 가명정보, 익명정보로 구분한 후 가명정보를 통계작성 연구, 공익적 기록보존 목적으로 처리할 수 있도록 허용한다.
- 가명정보 이용 시 안전장치 및 통제 수단을 마련한다.
- 행정안전부, 금융위원회, 방송통신위원회 등으로 분산된 개인정보보호 감독기관을 통합하기 위해 개인정보보호위원회로 일원화한다. 개인정보보호위원회는 국무총리 소속 중앙행정기관으로 격상한다.

– 정보통신망법 개정안

개인정보 관련 법령이 개인정보보호법, 정보통신망법 등 다수의 법에 중복돼 있고 감독기구도 행정안전부, 방송통신위원회, 개인정보보호위원회 등으로 나눠져 있어 따른 혼란을 해결하기 위해 마련됐다.

- 정보통신망법에 규정된 개인정보보호 관련 사항을 개인정보보호법으로 이관한다.
- 온라인상 개인정보보호 관련 규제 및 감독 주체를 방송통신위원회에서 개인정보보호위원회로 변경한다.

– 신용정보법 개정안

은행, 카드사, 보험사 등 금융 분야에 축적된 방대한 데이터를 분석 및 이용해 금융상품을 개발하고 다른 산업 분야와의 융합을 통해 부가가치를 얻기 위해 마련됐다.

- 가명조치한 개인신용정보로서 가명정보 개념을 도입해 빅데이터 분석 및 이용의 법적 근거를 명확히 마련한다.
- 가명정보는 통계작성, 연구, 공익적 기록보존 등을 위해 신용정보 주체의 동의 없이도 이용, 제공할 수 있다.

출처: 네이버 지식백과, 데이터 3법(시사상식사전, pmg 지식엔진연구소)

스마트 거버넌스가 성공적으로 이루어지기 위해서는 시민의 역할도 매우 중요하다. 시민이 성숙된 의식을 가지고 있어야 스마트 거버너스를 통한 정책과정의 지능화 자동화에 가까워질 수 있다. 이러한 시민의 성숙은 영향력과 권한의 정도가 높아짐에 따라 책임성이 강화되는 것을 의미한다. 오늘날 시민은 민주사회의 책임있는 주체적 구성원으로 자신의 말과 행동, 즉 삶에 스스로 책임을 지는 성찰적 시민이어야 한다. 자신이 이 사회의 주인이라는 주체적 각성과 함께 사회를 내가 변화시킬 수 있다는 각성이 있어야 한다. 정부와 정치권에 대한 불신으로 맹목적인 비판을 하는 것이 아니라 시민 스스로의 문제점을 되돌아보고 노력하는 자세도 필요한 것이다. 물론 사회구조적인 문제점이 없진 않겠지만 시민들 또한 함께 바뀌어야 사회구조적인 문제를 해결할 수 있다. 스마트 거버넌스에서 시민의 책임있는 참여가 중요한 이유이다.

2. 스마트 거버넌스가 가져올 사회변화

4차 산업혁명과 거버넌스의 발달이라는 두 가지 흐름은 서로 영향을 주고받는 관계에 있다. 새로운 정보통신기술의 등장은 거버넌스 구조의 변화를 이끌어내고 개인과 개인, 개인과 사회 간의 네트워크는 더 촘촘히 만들어 원활한 소통을 가능하게 하고 있다. 이러한 네트워크에 기반한 소통 가능성 확대로 인해 거버넌스도 함께 진화하고 있는 것이다. 소통의 확대에 따른 거버넌스를 운영하려는 시도는 여러 정부기관 및 다양한 분야에서 다발적으로 일어나고 있는데, 현재까지는 정부가 제공하는 온라인 플랫폼에서의 시민참여, SNS를 활용한 정책홍보 및 소통, 온라인투표 및 여론조사 등이 주를 이루고 있다. 그러나 앞으로는 시민들이 비공식적인 채널에 비의도적으로 남긴 디지털 발자국을 활용한 스마트 거버넌스의 도입으로 시민들의 새로운 참여가 이루어질 수 있을 것이다.

스마트 거버넌스가 정책과정에 어떤 영향을 미칠지 섣부르게 예측하기 어렵다. 그만큼 스마트 거버넌스가 사회에 가져올 변화의 폭과 너비가 크기 때문이다. 정책과정에서 시민의견 수렴이 이전과는 완전히 다른 형태로 이루어진다면 이전과 같은 전통적인 오프라인 참여가 더 이상 필요없어질지도 모른다. 스마트 거버넌스의 적용가능성은 무궁무진하다. 사람들이 남긴 디지털 발자국들이 실시간으로 집계되어 정책에 반영되면, 과거와 같이 설문조사하고 정책에 대한 투표를 하는 등 비용과 편익 계산의 합리성을 논할 필요가 없어질 수도 있는 것이다. 현재 논란이 되고 있는 사회적 이슈들에 대한 시민들의 활발한 의견 및 공유가 시민이 의도하든 의도하지 않든 가능해질 것이며, 그렇게 형성된 정책 의제들은 담당자 및 정치가들에게 실시간으로 전달될 것이다. 정책과정의 담당자들도 마찬가지로 이러한 스마트 거버넌스를 통하여 언제든지 관련 의제에 대한 시민들의 여론을 확인해 볼 수 있다.

이러한 스마트 거버넌스에 대한 유쾌한 상상은 생활밀착형 공공서비스부터 거대 담론에 이르기까지 정책과정에 얼마든지 적용 가능하다. 시민들은 자신이 원하는 것이 무엇이지 정책으로 눈앞에 제시되기 전까지는 모를 수 있다. 스마트 거버넌스는 디지털 발자국을 통하여 시민이 원하는 것이 무엇인지 먼저 알아내고 맞춤형 정책을 내놓을 수 있다. 시민 개개인이 무엇을 원하는지 정확히 알지 못했는데, 어느 순간 내 옆에 실현되어 나타난 서비스는 시민들에게 만족을 넘어 감동을 줄 것이다.

참고문헌

1. Senge, Peter(1990), *The Fifth Discipline: The Art and Practice of the Learning Organization*, Doubleday.
2. 정용찬(2017), 4차 산업혁명 시대의 데이터 경제활성화 전략, KISDI Premium Report, 17-36.
3. Zuboff, Shoshana(2019), *The Age of Surveillance Capitalism: The Fight for a Human Future at the New Frontier of Power*, Public Affairs.
4. 에릭 슈미트, 제러드 코언(2014), 이진원 역, 새로운 디지털시대, 아직 가보지 않은 길, 알키.

[저자 소개]

임 지 원(limji1@snu.ac.kr)
서울대학교에서 도시계획학 박사학위를 취득하고, 현재 동아대학교 스마트거버넌스 연구센터 전임연구원으로 재직 중이다. 주요 관심분야는 환경정책, 갈등관리, 거버넌스 등으로 최근에는 시민참여에 기반한 원전 폐로(Decommissioning) 방식 선정 및 정책수립에 관심을 가지고 연구하고 있다.

안 순 재(asj8652@gmail.com)
연세대학교에서 박사학위를 취득하고, 현재 동아대학교 스마트거버넌스 연구센터 전임연구원으로 재직 중이다. 주요 관심분야는 인공지능(머신러닝, 딥러닝), 알고리즘 최적화 분야이며, 최근 연구논문으로는 "전이학습을 활용한 소규모 비정형 정책데이터 감성분석 모델"(2020), "도시재생정책에 대한 감성분석: 감천문화마을 방문객 리뷰를 중심으로"(2019) 등이 있다.

이 새 미(emailme6@naver.com)
미국 Northeastern University에서 석사학위(leadership), 세종대학교에서 박사학위(마케팅)를 취득하였다. 세종대학교 경영학과 강사로 활동하였으며, 현재 동아대학교 스마트 거버넌스 연구센터 전임연구원으로 재직 중이다. 주요 관심분야는 서비스 마케팅, 리더십, ICT, 텍스트 마이닝 등으로 국내외 저널에 관련 논문을 발표하며 학술활동을 하고 있다.

스마트 거버넌스: 디지털 발자국, 시민참여의 혁신

2020년 6월 20일 초판 인쇄
2020년 6월 25일 초판 발행

저 자 임지원 · 안순재 · 이새미
발행인 이 구 만
발행처 유원북스

04091 서울특별시 마포구 토정로 222, 416호
(신수동, 한국출판콘텐츠센터)
대표전화 (02)593-1800 Fax (02)6455-1809
등록 2011. 9. 6. 제25100-2012-3호
www.uwonbooks.com uwbooks@daum.net

정 가 18,000원 ISBN 979-11-6288-115-6 93320

이 도서의 국립중앙도서관 출판예정도서목록(CIP)은 서지정보유통지원시스템 홈페이지(http://seoji.nl.go.kr)와 국가자료종합목록 구축시스템(http://kolis-net.nl.go.kr)에서 이용하실 수 있습니다.
(CIP제어번호 : CIP2020025180)